铁路工电供一体化维修知识丛书

铁路工务、电务、供电基础知识问答

主　编：靳宝军　刘　斌

副主编：陈维华　赵　赛　王燕梅

中国铁道出版社有限公司

2023年·北　京

内 容 简 介

本书为铁路工电供一体化维修知识丛书之一。书中根据工务、电务、供电三个专业的规章，结合专业特点与工作实际，采用问答形式，对工电供三个专业的基础知识进行了全面梳理，具有较强的针对性和实用性。

本书适用于工务、电务、供电专业技术和技能人员学习培训，也可供相关人员对知识项点进行检索、学习。

图书在版编目(CIP)数据

铁路工务、电务、供电基础知识问答/靳宝军，刘斌主编.—北京：中国铁道出版社有限公司，2021.5(2023.12 重印)
(铁路工电供一体化维修知识丛书)
ISBN 978-7-113-27738-3

Ⅰ.①铁… Ⅱ.①靳… ②刘… Ⅲ.①铁路工程-问题解答②铁路通信-问题解答③铁路-供电系统-问题解答 Ⅳ.①U2-44

中国版本图书馆 CIP 数据核字(2021)第 027696 号

书　　名：铁路工务、电务、供电基础知识问答
作　　者：靳宝军　刘　斌

责任编辑：田　甜　**编辑部电话**：(010)51873116　**邮箱**：tdpress@126.com
编辑助理：魏　娟
封面设计：曾　程
责任校对：孙　玫
责任印制：高春晓

出版发行：中国铁道出版社有限公司(100054，北京市西城区右安门西街 8 号)
网　　址：http://www.tdpress.com
印　　刷：北京铭成印刷有限公司
版　　次：2021 年 5 月第 1 版　2023 年 12 月第 2 次印刷
开　　本：880 mm×1 230 mm 1/32　印张：10　字数：232 千
书　　号：ISBN 978-7-113-27738-3
定　　价：46.00 元

前　言

为了适应铁路基础设施运营维护管理的改革与创新，推进工电供综合维修一体化，满足工务、电务、供电专业工作人员学习和培训的需要，依据三个专业的规章制度、基础理论、专业技术和基本作业，结合现场工作实际，编写了“铁路工电供一体化维修知识丛书”，丛书内容主要涉及安全知识、基础知识和作业知识三个方面，本书为铁路工务、电务、供电基础知识部分。

本书遵循“基础、简明、实用”的原则，依据铁路工务、电务、供电专业基本规章制度，结合专业特点和工作实际，采取问答形式对工务、电务、供电专业的基础知识进行了梳理、提炼和阐释，具有较强的普及性、针对性和实用性。本书重点突出、简明易学，适用于工务、电务和供电专业技术和技能人员学习培训，也方便有关人员对相关知识项点进行检索和学习。本书依据的现有规章制度如有修订或变化，须按修订或变化后的内容和要求执行。

本书共分为三部分，包括工务部分、电务部分和供电部分。其中，工务部分包括通用知识、普速铁路线路、高速铁路线路、普速铁路桥隧、高速铁路桥隧五个单元；电务部分包括通用知识、信号机及信号标志、道岔转换与锁闭装置、轨道电路四个单元；供电部分包括供电通用知识、接触网设备与结构、接触网检测与分析、普速铁路接触网、高速铁路接触网、电力通用知识、电力基础知识、电力常用材料及设备、电力远动技术九个单元。

本书主编为靳宝军、刘斌，副主编为陈维华、赵赛、王燕梅。其中工务部分由刘斌、赵赛编写；电务部分由靳宝军、王燕梅编写；供电部分由陈维华、张建波编写。

书中的不妥之处，敬请批评指正。

编　者

2021年3月

目　录

第一部分　工务部分

第二部分 电务部分

第三部分 供 电 部 分

第一部分　工务部分

第一单元　通用知识

1. 钢轨的功用是什么?

答:钢轨是轨道的主要组成部件。钢轨的功用在于引导机车车辆的车轮前进,直接承受来自车轮和其他方面的各种力,且传递给轨下基础,并为车轮的滚动提供连续平顺和阻力小的表面。在电气化铁路或自动闭塞区段,钢轨还可兼供轨道电路之用。

2. 钢轨类型主要有哪些?

答:钢轨类型习惯上用每米钢轨大致质量的千克整数(kg/m)表示。我国铁路标准钢轨有75 kg/m、60 kg/m、50 kg/m、43 kg/m、38 kg/m等。

3. 钢轨断面尺寸的主要参数是什么?

答:钢轨的头部顶面宽 b、轨腰厚 t、轨身高 H 及轨底宽 B 是钢轨的四个主要参数,如图1-1-1所示。

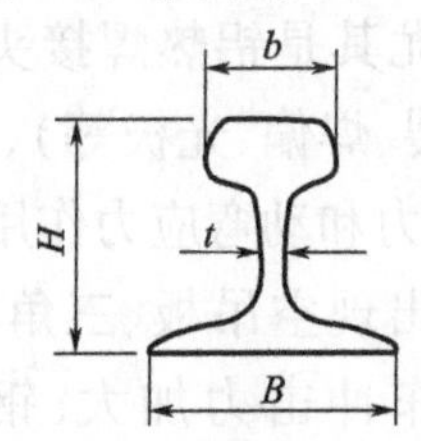

图1-1-1　钢轨断面尺寸

4. 43 kg/m、50 kg/m、60 kg/m、75 kg/m 钢轨断面尺寸主要参数分别是多少?

答:43 kg/m、50 kg/m、60 kg/m、75 kg/m 钢轨断面尺寸主要参数见表 1-1-1。

表 1-1-1 钢轨断面尺寸主要参数

钢轨断面尺寸(mm)	43 kg/m	50 kg/m	60 kg/m	75 kg/m
头部顶面宽 b	70	70	73	75
轨腰厚 t	14.5	15.5	16.5	20
轨身高 H	140	152	176	192
轨底宽 B	114	132	150	150

5. 线路上的伤损钢轨应如何标记?

答:线路上的伤损钢轨应作标记,见表 1-1-2。

表 1-1-2 钢轨伤损标记

伤损种类	伤损范围及标记		说　明
	连续伤损	一点伤损	
轻伤	|←△→|	↑△	用白色油漆作标记
重伤	|←△△△→|	↑△△△	用白色油漆作标记

6. 钢轨折断的原因有哪些?

答:(1)钢轨本身材质不良,例如有核伤、裂纹等。

(2)钢轨焊缝不良,尤其是铝热焊接头缺陷较多(常见的有黑核、夹渣、夹砂、气孔、热裂、焊偏、光极等),经过一段时间的运行后逐渐降低其强度,在温度力和动弯应力作用下拉断。

(3)线路维修不良,出现空吊板、三角坑、翻浆冒泥、轨枕间距过大等病害时,由于列车冲击力加大,钢轨拉断的可能性也就愈大。

(4)个别地段出现温度拉应力集中。如伸缩区和固定区衔接处、道口、曲线、桥头等处所很容易应力集中,加上车轮对钢轨的动力作用,超过了钢轨强度。

(5)由于作业不当,可能提高原锁定轨温,从而降低允许轨温变化的幅度。

7. 钢轨接头按性能分为哪些类型?

答:(1)普通接头:即标准钢轨或非标准钢轨铺设时两根钢轨的联结接头,使用夹板和螺栓进行联结。

(2)异型接头:即不同类型钢轨相互联结的接头。为使不同钢轨顶面及头部内侧相吻合,使用相应的异型夹板和异型垫板联结。正线钢轨异型接头必须使用异型钢轨。

(3)导电接头:供传导轨道电流或作为牵引电流回路之用的接头,用于自动闭塞区段及电力牵引地段。轨间传导联结装置用两根直径 5 mm 的镀锌铁丝,插于两轨端轨腰的圆孔内组成——塞钉式;或用一条断面 100 mm^2 左右的钢丝索焊接于钢轨头部的钢套中组成——焊接式。

(4)绝缘接头:在自动闭塞区段上,相邻闭塞分区两端钢轨接头处设绝缘接头,以保证轨道电路不能从一个闭塞分区传到另一闭塞分区。一般绝缘接头是用尼龙轨头片、尼龙夹板和尼龙螺栓套把钢轨、夹板和螺栓隔开,阻止电流通过,起到绝缘作用。

(5)焊接接头:用电阻焊、小型气压焊或铝热焊的方法将钢轨焊接形成的接头,多用于无缝线路。

(6)冻结接头:这种接头是用提高摩擦阻力的方法实现的冻结钢轨接头。其特点是不改变现行接头的结构,不使用胶黏剂,也使用附加机械零件,接头阻力高,足以在大多数地区的铁路轨道上冻结钢轨接头。

(7)尖轨接头(即温度调节器):用于连接轨端伸缩量很大的普

通轨道或温度跨度大于 100 m 的明桥面活动端轨道的钢轨接头。尖轨接头按构造平面形式的不同,可分为斜线型、折线型及曲线型三种。

8. 普通钢轨接头的联结零件主要有哪些?其主要作用是什么?

答:接头联结零件包括夹板、螺栓、螺母、垫圈等。它的主要作用是保持两根钢轨的连续性,使钢轨接头前后与完整的钢轨一样,并传递和承受钢轨的挠曲力、横向力,同时满足钢轨热胀冷缩的要求。

9. 常见的钢轨接头病害主要有哪些?

答:(1)淬火钢轨端部的鞍形磨耗。

(2)低接头(或打塌)。

(3)钢轨破损主要是淬火区钢轨顶面剥落、掉块和螺栓孔裂纹。

(4)夹板弯曲或断裂。

(5)混凝土枕破裂。

(6)道床结硬、溜坍和翻浆冒泥。

10. 轨枕的功用是什么?

答:轨枕的功用是承受来自于钢轨上的各种力,且传递至道床,同时轨枕还起着保持钢轨方向、轨距和位置等作用。

11. 轨枕按材质分为哪几类?

答:轨枕按其材质分为木枕、混凝土枕和钢枕。

12. 道床的功用是什么?

答:(1)道床是轨道的重要组成部分,它承受轨枕传来的压力,并把这个力均匀传布于较大的路基面上。

(2)清洁的道床可顺利排除线路上的雨水和地表水,以保持轨枕及路基面的干燥,防止路基松软、翻浆而引起轨道下沉。

(3)道床具有一定弹性,可缓和列车对线路的冲击,并可减缓水平方向的变化,以保持轨道的稳定性。

(4)饱满密实的道床,可防止轨道横向移动和线路爬行。

(5)道床是捣固整治水平的材料,也是拨正方向、阻止回弹的材料。

13. 什么是无砟轨道?

答:无砟轨道是以混凝土或沥青混合料等取代散粒道砟道床而组成的轨道结构形式。

14. 路基横断面的基本形式主要有哪些?

答:路基横断面是指垂直于线路中心线截取的断面。依其所处的地形条件不同,路基分为路堤、路堑、半路堤、半路堑、半路堤半路堑、不填不挖等基本形式。如图 1-1-2 所示。

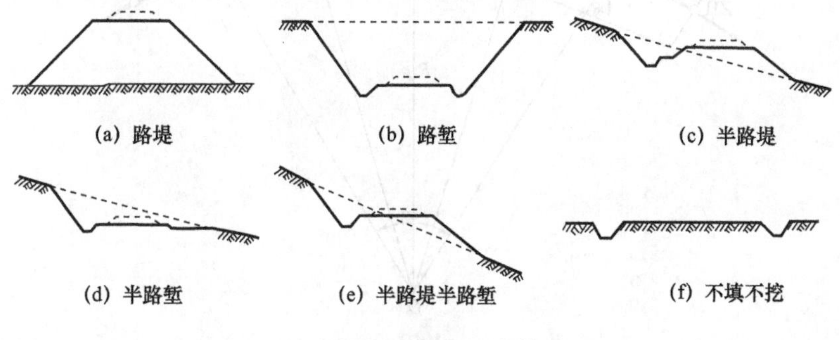

图 1-1-2　路基横断面形式

15. 路基由哪几部分组成?

答:路基由路基本体(如路堤、路堑)、路基排水设备、防护和加固设备等三部分组成。

16. 曲线基本要素有哪些?

答:(1)曲线的转向角 α(转向角和线路中心角相等)。

(2)曲线半径 R(即圆曲线半径)。

(3)曲线切线长 T。

(4)曲线外矢距 E。

(5)曲线全长 L。

(6)缓和曲线长 l_0。

曲线各要素如图 1-1-3 所示,虚线为无缓和曲线的情况,实线为有缓和曲线的情况。

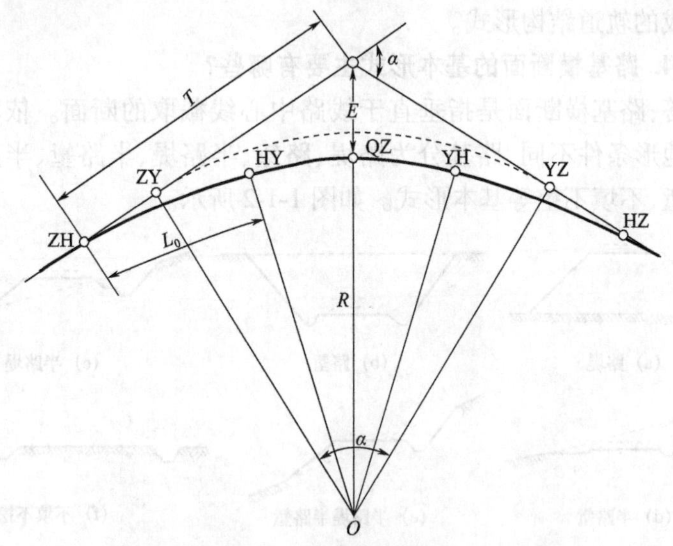

图 1-1-3 曲线各要素

ZY—单圆曲线始点(直圆点);YZ—单圆曲线终点(圆直点);

ZH—缓和曲线始点(直缓点);HZ—缓和曲线终点(缓直点);

HY—缓和曲线接圆曲线之交点(缓圆点);

YH—圆曲线接缓和曲线之交点(圆缓点);

QZ—整个曲线的中央点(曲中点)

17. 设置曲线外轨超高的目的是什么?

答:(1)减少曲线外股钢轨所受的垂直力和水平力,使两股钢轨受力均、垂直磨耗均等。

（2）保证轨道稳定，防止车辆倾覆。

（3）将离心力限制在一定范围内，保证旅客的舒适度。

18. 什么是无缝线路？

答：无缝线路是由许多根标准长度的钢轨焊接成为不小于500 m的长钢轨线路。

19. 无缝线路的优点主要有哪些？

答：与普通线路相比较，无缝线路在相当长一段线路上消灭了钢轨接头，因而具有行车平稳，提高旅客舒适度，减少材料消耗，降低维修费用，延长线路设备、机车车辆使用寿命及维修周期，改善行车条件，适应高速行车的要求等优点，是铁路轨道的发展方向。

20. 无缝线路分为哪两种？

答：无缝线路分为温度应力式和放散温度应力式两种类型。

21. 什么是温度应力？

答：如果钢轨完全被固定，不能随轨温变化而自由伸缩，则在钢轨内部产生应力，这种由于轨温变化而在钢轨内部产生的应力称为温度应力。

22. 什么叫锁定轨温？

答：锁定轨温是长轨条铺设施工时实际的锁定轨温，此时钢轨内部不存在温度应力。它是一项非常重要的资料，是保证无缝线路的正常养护和正常工作的前提，必须准确、可靠。一般以钢轨合龙、钢轨落槽后及拧紧接头螺栓时所测的轨温平均值作为锁定轨温。

23. 什么是跨区间无缝线路？

答：跨区间无缝线路是指轨节长度跨越车站道岔的轨道结构。

24. 什么是全区间无缝线路？

答：不跨越车站只跨越闭塞分区的无缝线路为全区间无缝

线路。

25. 什么是接头阻力?

答:接头夹板阻止钢轨纵向伸缩的阻力称为接头阻力。

26. 什么是纵向阻力?

答:纵向阻力是指阻止钢轨及轨道框架纵向伸缩的阻力,包括接头阻力、扣件阻力和道床纵向阻力。

27. 什么是无缝线路的伸缩区?

答:长钢轨两端能随轨温变化进行一定程度的伸缩,其伸缩量可以控制在构造轨缝允许范围内,称为伸缩区。伸缩区长度应根据年轨温差幅值、道床纵向阻力、钢轨接头阻力等参数计算确定,一般为 50~100 m。

28. 胀轨跑道的一般规律是什么?

答:(1)钢轨温度压力偏高的地段容易发生胀轨跑道。

①在固定区或固定区与伸缩区交界处的钢轨温度压力偏高,当道床阻力减少时,容易发生胀轨跑道。

②在容易产生压力峰的平交道口和无砟桥前,以及曲线始终端、竖曲线的坡底、制动地段等处所,钢轨温度压力局部偏高,容易发生胀轨跑道。

(2)气温回升季节容易发生胀轨跑道,气温逐渐升高的季节,日间轨温接近于锁定轨温,在正常进行无缝线路养护维修作业时,由于日夜温差大,钢轨内部会产生较大的温度压力,影响线路的稳定,甚至发生胀轨跑道。

29. 胀轨跑道的原因主要有哪些?

答:(1)线路爬行、轨缝挤瞎是发生胀轨的基本原因。

(2)线路上有硬弯轨、方向不良及道砟不足是助长发生胀轨的原因。

(3)在瞎缝地段进行减弱或破坏线路稳定的作业,如扒开道砟、拨道、起道、拆开接头或改道,都可能造成胀轨跑道。

30. 线路标志有哪些?

答:线路标志包括公里标、半公里标,曲线标,圆曲线和缓和曲线的始终点标,桥梁标,隧道(明洞)标,坡度标,以及铁路局、工务段、线路车间、线路工区和供电段的界标。

31. 线路、信号标志的设置有何规定?

答:线路、信号标志应设在其内侧距线路中心不小于3.1 m处(警冲标除外)。

线路标志,按计算公里方向设在线路左侧。双线区段须另设线路标志时,应设在列车运行方向左侧。

(1)公里标、半公里标,设在一条线路自起点计算每一整公里、半公里处。

(2)曲线标,设在曲线中点处,标明曲线中心里程、半径大小、曲线和缓和曲线长度。

(3)圆曲线和缓和曲线的始终点标,设在直缓、缓圆、圆缓、缓直各点处,标明所向方向为直线、圆曲线或缓和曲线。

(4)桥梁标,设在桥梁两端桥头处,标明桥梁编号、中心里程和长度。

(5)隧道(明洞)标,直接标注在隧道(明洞)两端洞门端墙上,标明隧道号或名称、中心里程和长度。

(6)坡度标,设在线路坡度的变坡点处,两侧各标明其所向方向的上、下坡度值及其长度。

(7)铁路局、工务段、线路车间、线路工区和供电段的界标,设在各该单位管辖地段的分界点处,两侧标明所向的单位名称。

32. 警冲标的设置有何规定?

答:警冲标设在两会合线路线间距离为4 m的中间。线间距离不足4 m时,设在两线路中心线最大间距的起点处。在线路曲线部分所设道岔附近的警冲标与线路中心线间的距离应按限界的加宽增加。

33. 什么是桥隧建筑物？

答：桥隧建筑物是桥梁、隧道、涵洞、明渠、天桥、地道、跨线桥、调节河流建筑物等的总称。

34. 桥梁的组成是什么？

答：桥梁由上部结构、下部结构、防护设备及调节河流建筑物组成。上部结构包括桥面、桥跨结构（梁拱）、支座。下部结构包括桥墩、桥台及基础。防护设备及调节河流建筑物包括桥涵限高防护架、护锥、护岸、护基、护底、导流堤、丁坝、梨形堤等。桥梁结构如图 1-1-4 所示。

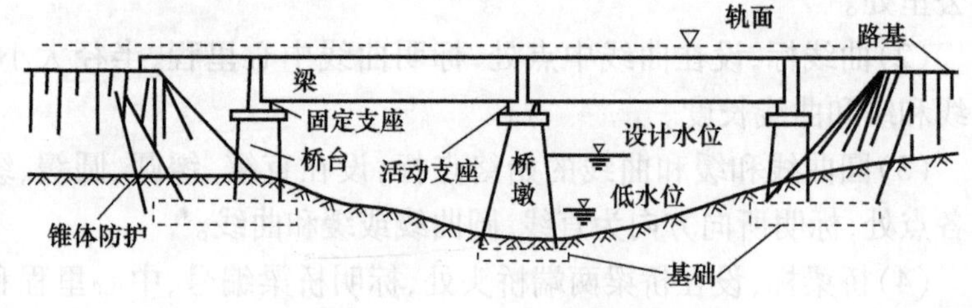

图 1-1-4　桥梁结构

35. 隧道的组成是什么？

答：隧道的组成包括主体建筑物和附属设备两部分。主体建筑物由洞身和洞门组成；附属设备包括避车洞和防排水设施，长大隧道还有专门的通风及照明设备。

36. 涵洞的组成是什么？

答：涵洞由洞身、基础、进出口建筑物（即端墙、翼墙等）以及附属设备组成。

第二单元　普速铁路线路

1. 线路设备修理分类及具体内容是什么？

答：线路设备修理分为线路设备大修和维修。

线路设备大修是为全面恢复和提高线路设备固有可靠度而对线路进行的大规模修理。

线路设备维修是根据线路设备变化规律，维持列车以规定速度安全和不间断地运行而对线路进行的日常维护和小规模修理。

2. 线路设备大修的原则是什么？

答：线路设备大修应按照运营条件匹配、轨道结构等强、修理周期合理、线路质量均衡和全面规划、适度超前、区段配套原则，根据运输需要及线路设备变化规律，及时对线路设备进行更新和修理，恢复和提高线路设备强度。

3. 线路设备维修的原则是什么？

答：线路设备维修应坚持预防为主、防治结合、修养并重、严检慎修原则，根据线路设备变化规律，合理安排计划维修与临时补修，有效预防和整治线路病害，有计划地补偿线路设备损耗，保持线路设备完整和质量均衡，延长设备使用寿命，以取得较好的技术经济效益。

4. 线路设备维修分类及具体内容是什么？

答：线路设备维修分为计划维修与临时补修。

(1)计划维修

指根据线路及其各部件的变化规律，依据维修周期，结合设备状态评价，以大型养路机械为主要作业手段，全面调整和改善轨道空间线形线位,消除轨道结构病害,恢复道床弹性,更换失效轨枕和联结零件,调整轨道几何尺寸,消除钢轨轨头病害,达到钢轨目标廓形,以及其他各结构部件的修理等为主要内容的单项或多项修理,以恢复线路完好技术状态。

(2)临时补修

指以小型养路机械为主要作业手段,对轨道几何不平顺超过临时补修容许偏差管理值及其他不良处所进行的临时性整修,以保证行车安全和平稳。

5. 什么是未被平衡超高?

答:由于各次列车通过曲线时的速度不可能完全相同,且与计算超高时的平均速度也不相同,因此,外轨超高不可能与行车速度完全适应,必定会产生未被平衡的离心力或向心力。为了保证旅客舒适,要限制这些力的大小,一般是把这些力换算成未被平衡的超高加以限制。超高不足部分称为欠超高,超高剩余部分称为过超高。欠超高和过超高统称为未被平衡超高。

6. 对未被平衡欠超高、过超高有何规定?

答:未被平衡欠超高不应大于 75 mm,困难情况下不应大于 90 mm,允许速度大于 120 km/h 线路个别特殊情况下已设置的 90(不含)~110 mm 的欠超高可暂时保留,但应逐步改造;未被平衡过超高不应大于 30 mm,困难情况下不应大于 50 mm,允许速度大于 160 km/h 线路的个别特殊情况下不应大于 70 mm。

实设超高在满足上述条件下,货物列车较多时,宜减小 H_g(未被平衡过超高),旅客列车较多时宜减小 H_c(未被平衡欠超高)。

7. 实设最大超高有何规定?

答:有砟轨道实设最大超高,在单线上不得大于 125 mm,在双线上不得大于 150 mm。无砟轨道实设最大超高不得大于 150 mm。

8. 线路大修纵断面设计应符合什么规定?

答:(1)应设计长坡段。允许速度大于 160 km/h 线路最小坡段长度不应小于600 m,困难条件下最小坡段长度不应小于400 m;其他线路坡段长度不应小于该区段到发线有效长度的一半,个别困难地段也不应小于200 m。

(2)相邻坡段的连接,应按原线路标准设计为抛物线形或圆曲线形竖曲线。

①允许速度不大于 160 km/h 线路,采用抛物线形竖曲线时,若相邻坡段的坡度代数差大于 2‰,应设置竖曲线。20 m 范围内竖曲线的变坡率,凸形不应大于 1‰,凹形不应大于 0.5‰。采用圆曲线形竖曲线时,若相邻坡段的坡度代数差大于 3‰,应设置竖曲线,竖曲线半径不得小于 10 000m,困难地段不得小于 5 000 m。

②允许速度大于 160 km/h 线路,坡度代数差不小于 1‰时,应设置圆曲线形竖曲线,竖曲线半径不应小于 15 000 m,且长度不应小于 25 m。

竖曲线不得与竖曲线、缓和曲线重叠,不得侵入道岔、调节器及明桥面。

9. 两线路中心距不大于 5 m 时,其轨面标高设计有什么规定?

答:两线路中心距不大于 5 m 时,其轨面标高应设计为同一水平,困难地段高度差可不大于 300 mm,但易被雪埋地段的轨面标高差不应大于 150 mm,道口处不应大于 100 mm。

10. 大修地段和非大修地段的连接顺坡有什么规定?

答:大修地段与非大修地段的连接顺坡应设在大修地段以外。顺坡率要求:允许速度不大于 120 km/h 线路不应大于 2.0‰,允许速度为 120(不含)~160 km/h 线路不应大于 1.0‰,允许速度大于 160 km/h 线路不应大于 0.8‰。

11. 道床大修后对道床厚度有何要求?

答:道床大修后,无垫层的碎石道床,枕下清砟厚度不得小于300 mm;特殊困难条件下道床厚度不足300 mm时,应清筛至路基面,并做好排水坡。

运量小、允许速度低的线路或在隧道内、桥梁上和车站内受建筑物限制时,可酌情降低道床厚度。但正线木枕地段碎石道床厚度不得小于200 mm,混凝土枕地段不得小于250 mm,站线不得小于200 mm。

12. 正线轨枕类型和配置根数标准是什么?

答:正线轨枕类型和配置根数标准见表1-2-1。

表1-2-1 正线轨枕类型和配置根数标准

项目		单位	Ⅰ级铁路				Ⅱ级铁路	
运营条件	旅客列车设计行车速度	km/h	200	160	120		≤120	
	货物列车设计行车速度	km/h	≤120	≤120	≤80		≤80	
混凝土枕	型号	—	Ⅲ	Ⅲ	Ⅲ	新Ⅱ	Ⅲ	新Ⅱ
	铺枕根数	根/km	1 667	1 667	1 667	1 760	1 667	1 760

13. 站线轨枕类型和配置根数标准是什么?

答:站线轨枕类型和配置根数标准见表1-2-2。

表1-2-2 站线轨枕类型和配置根数标准

项目		单位	到发线				其他站线
			无缝线路		普通线路		
混凝土枕	型号	—	Ⅲ	新Ⅱ	Ⅲ	新Ⅱ	新Ⅱ
	铺枕根数	根/km	1 667	1 760	1 600	1 600~1 760	1 600

14. 正线铺设新Ⅱ型混凝土枕或木枕的地段,线路设备大修时增加轨枕配置数量的规定是什么?

答:符合下列条件之一的正线铺设新Ⅱ型混凝土枕或木枕地段,线路设备大修时应增加轨枕配置数量:

(1)半径 800 m 及以下的曲线地段(含两端缓和曲线)。

(2)坡度大于12‰的地段。

上述条件重叠时,铺设数量只增加一次;轨枕加强地段每千米增加的轨枕数量和最多铺设根数见表 1-2-3 的规定。

表 1-2-3　每千米增加的轨枕数量和最多铺设根数

轨枕类型	新Ⅱ型混凝土枕	木　枕
增加的轨枕数量(根/km)	80	160
最多铺设根数(根/km)	1 840	1 920

15. 哪些地段不宜铺设混凝土枕?

答:下列地段不宜铺设混凝土枕:

(1)铺设木岔枕的普通道岔两端各 5 根轨枕。

(2)明桥面和铺设木枕的有砟桥的桥台挡砟墙范围内及其两端各不少于 15 根轨枕(有护轨时应延至梭头外不少于 5 根轨枕)。

16. 混凝土枕(含混凝土宽枕、混凝土岔枕及短轨枕)失效标准是如何规定的?

答:混凝土枕(含混凝土宽枕、混凝土岔枕及短轨枕)失效标准:

(1)明显折断。

(2)纵向通裂。

①挡肩顶角处缝宽大于 1. 5 mm。

②纵向水平裂缝基本贯通(缝宽大于 0. 5 mm)。

(3)横裂(或斜裂)接近环状裂纹(残余裂缝宽度大于 0. 5 mm

或长度超过2/3枕高)。

(4)挡肩破损,接近失去支承能力(破损长度超过挡肩长度的1/2)。

(5)严重掉块,影响钢轨或扣件正常安装及使用,或影响轨枕其他正常使用功能。

17. 木枕(含木岔枕)失效标准是如何规定的?

答:木枕(含木岔枕)失效标准:

(1)腐朽失去承压能力,钉孔腐朽无处改孔,不能持钉。

(2)折断或拼接的接合部分离,不能保持轨距。

(3)机械磨损,经削平或除去腐朽木质后,允许速度大于120 km/h线路,其厚度不足140 mm,其他线路不足100 mm。

(4)劈裂或其他伤损,不能承压、持钉。

18. 混凝土枕严重伤损标准是如何规定的?

答:混凝土枕严重伤损标准:

(1)横裂裂缝长度为枕高的1/2~2/3。

(2)纵裂。

①两螺栓孔间纵裂(挡肩顶角处缝宽不大于1.5 mm)。

②纵向水平裂缝基本贯通(缝宽不大于0.5 mm)。

(3)挡肩破损长度为挡肩长度的1/3~1/2。

(4)严重网状龟裂和掉块。

(5)承轨槽压溃,深度超过2 mm。

(6)钢筋(或钢丝)外露(钢筋未锈蚀,长度超过100 mm)。

(7)斜裂长度为枕高的1/2~2/3。

19. 线路上轨枕如何修理?

答:(1)用削平、捆扎、腻缝等方法修理木枕。

(2)用环氧树脂修补局部破损的混凝土枕。

(3)用锚固法修理松动或失效的螺旋道钉。

20. 旧轨枕是如何分类的?

答:一类为再用轨枕,可不经修理或稍加修理即能使用的轨枕。

二类为待修轨枕,经过修理才能再用的轨枕。

三类为废轨枕,不能修理再用的轨枕。

21. 线路上采用的钢轨轨型、材质、强度等级有什么要求?

答:线路上的钢轨轨型、材质、强度等级等应与运量、线路允许速度和轴重相适应。铁路正线线路宜采用60N、75N廓形钢轨,上道后应及时打磨为目标廓形,钢轨大修铺设无缝线路地段应采用长定尺钢轨,在小半径曲线地段应铺设在线热处理钢轨。

22. 钢轨折断标准是什么?

答:钢轨折断是指发生下列情况之一者:

(1)钢轨全截面断裂。

(2)裂纹贯通整个轨头截面。

(3)裂纹贯通整个轨底截面。

(4)允许速度不大于160 km/h区段钢轨顶面上有长度大于50 mm且深度大于10 mm的掉块,允许速度大于160 km/h区段钢轨顶面上有长度大于30 mm且深度大于5 mm的掉块。

23. 钢轨接头相错有什么要求?

答:钢轨接头应采用相对式联结方式。曲线地段外股应使用标准长度钢轨,内股应使用厂制缩短轨调整钢轨接头位置。剩余少量相错量,应利用钢轨长度误差量在曲线内调整,有困难时可在直线上调整。直线地段应按钢轨长度误差量配对使用。在每节轨上,相差量不应大于3 mm,并应前后、左右抵消,在两股钢轨上累计相差量最大不得大于15 mm。

正线及客车径路钢轨异型接头必须使用异型钢轨。

24. 线路上哪些位置不应有钢轨接头?

答:下列位置不应有钢轨接头,否则应将其焊接、冻结或胶接。

(1)桥长在 20 m 及以下的明桥面上。

(2)允许速度大于 120 km/h 区段的钢梁明桥面上。

(3)钢梁端、无砟无枕梁端、拱桥温度伸缩缝和拱顶处前后各 2 m 范围内,纵横梁连接处距横梁边缘 0.6 m 范围内。

(4)设有调节器的钢梁,在温度跨度(由一孔钢梁的固定支座至相邻梁固定支座或桥台挡砟墙的长度)范围内。

(5)平交道口铺面范围内。

25. 短轨地段对轨缝的设置要求是什么?

答:轨缝应设置均匀。每千米线路轨缝总误差,25 m 钢轨地段不得超过 80 mm,12.5 m 钢轨地段不得超过 160 mm。绝缘接头轨缝不得小于 6 mm。

26. 线路上个别插入的短轨有何规定?

答:线路上个别插入的短轨,在正线上不得短于 6 m,在站线上不得短于 4.5 m,并不得连续插入 2 根及以上。个别插入短轨线路的允许速度不得大于 160 km/h。

27. 钢轨钻孔有何规定?

答:钢轨钻孔位置应在螺栓孔中心线上,且必须倒棱。两螺栓孔的净距不得小于大孔径的 2 倍。其他部门需在钢轨上钻孔或加装设备时,必须征得工务设备管理单位的同意,并有工务人员现场监督。

28. 线路上的钢轨需要截断时有何规定?

答:用于线路上的钢轨需要截断时,应全断面垂直锯断;严禁使用剁子及其他工具强行截断和冲孔;除符合规定的处理线路故障方式外,严禁使用乙炔切割或烧孔。

29. 对钢轨运输、铺设及维护有什么要求?

答:应加强对钢轨运输、铺设及维护全过程管理,特别是施工中严禁使用铁锤或其他钢质工具击打钢轨;严禁金属履带直接碾压钢轨,确保钢轨表面不受伤害。钢轨的存放必须平整、稳固,不得使钢轨产生硬弯。防止在钢轨(道岔轨件)任何部位出现机械伤损。

30. 扣件类型应如何选用?

答:扣件类型应与钢轨、轨枕类型相匹配。60 kg/m 钢轨地段,混凝土枕扣件采用弹条Ⅱ型或弹条Ⅲ型扣件,Ⅰ型弹条应逐步更换为Ⅱ型弹条。70 型扣板式及 67 型弹片式扣件应更换为弹条扣件。

使用扣板扣件时,正线半径 800 m 及以下和站线半径 450 m 及以下的曲线地段,钢轨外侧应使用加宽铁座。

31. 扣件状态有什么要求?

答:扣件应保持齐全,位置正确,按标准要求进行铺设和养护维修,确保作用良好。Ⅰ型、Ⅱ型弹条中部前端下颚与轨距挡板离缝作业后不应大于 1 mm,日常保持不宜大于 2 mm。Ⅲ型弹条小圆弧内侧与预埋铁座端部相距 8~10 mm。小阻力扣件弹条中部前端下颚与钢轨离缝作业后不应大于 1 mm、日常保持不宜大于 2 mm。分开式弹性扣件与木枕联结应紧密,当钢轨受车轮横向力作用时不得产生相对位移和扭转离缝。扣板、轨距挡板应靠贴轨底边。扣板(弹片)扣件扭矩应保持 80~140 N·m。

32. 混凝土扣件伤损达到什么标准时应进行修理或更换?

答:混凝土扣件伤损达到以下标准,应有计划地修理或更换:

(1)螺旋道钉折断、浮起,螺帽或螺杆丝扣损坏,严重锈蚀。

(2)垫圈损坏或作用不良。

(3)弹条、扣板(弹片)损坏或不能保持应有的扣压力。

(4)扣板、轨距挡板严重磨损、锈蚀,扣板、轨距挡板前后离缝超过 2 mm。

(5)挡板座、铁座损坏或作用不良。

(6)预埋套管损坏。

33. 钢轨接头铺设橡胶垫板的规定是什么?

答:钢轨接头两端各两根轨枕应铺设高弹性橡胶垫板。橡胶垫板压溃或变形(两侧压宽合计:厚度为 7 mm 的橡胶垫板超过 15 mm,厚度为 10 mm 的橡胶垫板超过 20 mm)丧失作用,橡胶垫片损坏时,应进行更换。小阻力扣件使用的复合垫板,橡胶与不锈钢片分离时应及时更换。

34. 钉道钉的规定是什么?

答:(1)有铁垫板时,直线及半径 800 m 以上的曲线地段,每根木枕上每股钢轨内外侧各钉 1 个道钉;半径 800 m 及以下的曲线(含缓和曲线)地段,内侧加钉 1 个道钉。铁垫板与木枕联结道钉,必须钉齐(冻害地段、明桥面除外)。

(2)无铁垫板时,每根木枕上每股钢轨内外侧各钉 1 个道钉,4 个道钉位置成八字形,道钉中心至木枕边缘的距离应大于 50 mm,钢轨内外侧道钉应错开 80 mm 以上。

35. 接头夹板伤损达到什么标准时应及时更换?

答:接头夹板伤损达到下列标准,应及时更换:

(1)折断。

(2)中间两螺栓孔范围内裂纹:正线、到发线有裂纹;其他站线平直及异型夹板超过 5 mm,双头及鱼尾型夹板超过 15 mm。

(3)其他部位裂纹发展到螺栓孔。

(4)胶接绝缘夹板性能不良。

36. 接头螺栓及垫圈伤损达到什么标准时应及时更换?

答:接头螺栓及垫圈伤损达到下列标准,应及时更换:

(1)螺栓折断、变形,严重锈蚀、丝扣损坏或杆径磨耗超过3 mm 不能保持规定的扭矩。

(2)垫圈折断或失去弹性。

37. 曲线地段应按什么条件安装轨距杆或轨撑?

答:曲线地段应按下列条件安装轨距杆或轨撑:

(1)铺设木枕线路,正线半径 800 m 及以下和站线半径 450 m 及以下的曲线,按表 1-2-4 的规定安装轨距杆或轨撑。半径 350 m 及以下的曲线和道岔导曲线,可根据需要同时安装轨距杆和轨撑。

(2)铺设混凝土枕线路,采用弹条扣件时,不安装轨距杆或轨撑;采用其他扣件时,行驶电力机车区段半径 600 m 及以下的曲线、其他区段半径 350 m 及以下的曲线,可根据需要比照表 1-2-4 安装。

(3)设有轨道电路的线路,安装轨距杆时,应使用绝缘轨距杆。

表 1-2-4　轨距杆或轨撑安装数量

曲线半径(m)	轨距杆(根)		轨撑(对)	
	25 m 钢轨	12.5 m 钢轨	25 m 钢轨	12.5 m 钢轨
$R \leqslant 350$	10	5	14	7
$350 < R \leqslant 450$	10	5	10	5
$450 < R \leqslant 600$	6~10	3~5	6~10	3~5
$600 < R \leqslant 800$	根据需要安装			

38. 铺设混凝土枕的线路、道岔安装防爬设备有什么规定?

答:铺设混凝土枕的线路、道岔,采用弹条扣件时,可不安装防爬设备;采用其他扣件时,对线路坡度大于 6‰地段、制动地段、驼峰线路和正线及到发线上的道岔、绝缘接头、桥梁(明桥面)前后各 75 m 地段,可按具体情况适当安装防爬设备。

39. 在碎石道床地段安装防爬设备有什么规定?

答:在碎石道床地段,每组防爬设备的组成:单方向锁定为 1 对防爬器和 3 对支撑;双方向锁定为 2 对防爬器和 3 对支撑。

防爬设备应安装在钢轨中部,接头附近 2 根轨枕不宜安装。防爬支撑宜安装在钢轨底下,也可安装在与轨底边净距不小于350 mm的道心内。

防爬器与轨枕之间应设承力板,防爬支撑断面不应小于120 cm^2,防爬支撑应与轨枕密贴。

40. 轨道加强设备伤损达到什么标准时应进行修理或更换?

答:轨道加强设备伤损达到下列标准,应有计划地修理或更换:

(1)轨距杆折断或丝扣损坏,螺帽、垫圈、铁卡损坏或作用不良。

(2)轨撑损坏或作用不良。

(3)防爬器折损,穿销不紧或作用不良。

(4)防爬支撑断面小于110 cm^2,损坏、腐朽或作用不良。

41. 道岔尖轨在第一拉杆中心处的设计动程是如何规定的?

答:尖轨在第一拉杆中心处的设计动程:直尖轨为142 mm,曲尖轨为152 mm;AT型弹性可弯尖轨12号普通道岔为160 mm或180 mm,12号提速道岔为160 mm;18号道岔允许速度大于160 km/h时为160 mm,允许速度不大于160 km/h时为160 mm或180 mm(具体按标准图或设计图规定办理);其他型号道岔按标准图或设计图办理。

42. 道岔尖轨尖端、跟端和导曲线部分轨距加宽递减的规定是什么?

答:(1)尖轨尖端轨距加宽,允许速度不大于120 km/h道岔应按不大于6‰的递减率递减至基本轨接头。

(2)尖轨尖端与尖轨跟端轨距的差数,直尖轨应在尖轨全长范围内均匀递减,曲尖轨按标准图或设计图办理。

(3)尖轨跟端直向轨距加宽向辙叉方向递减,距离为1.5 m。

(4)导曲线中部轨距加宽,直尖轨时向两端递减至距尖轨跟端

3 m处,距辙叉前端4 m处;曲尖轨时按标准图或设计图办理。

43. 对口道岔及道岔前端与另一道岔后端相连时轨距加宽递减的规定是什么?

答:对口道岔尖轨尖端轨距递减:两尖轨尖端距离小于6 m,两尖端处轨距相等时不作递减,不相等时应从较大轨距向较小轨距均匀递减;两尖轨尖端距离大于6 m,允许速度不大于120 km/h道岔应按不大于6‰的递减率递减,但中间应有不短于6 m的相等轨距段。

道岔前端与另一道岔后端相连时,允许速度不大于120 km/h的线路,尖轨尖端轨距递减率不应大于6‰。如不能按6‰递减时,可将前面道岔的辙叉轨距加大为1 441 mm;仍不能解决时,旧有道岔可保留大于6‰的递减率。

44. 道岔轮缘槽宽度有什么规定?

答:(1)护轨平直部分轮缘槽标准宽度为42 mm,侧向轨距加宽时,侧向轮缘槽宽度等量加宽,容许误差为$^{+3}_{-1}$ mm,缓冲段末端轮缘槽宽度不小于65 mm。侧向轨距加宽时,侧向缓冲段末端轮缘槽宽度等量加宽。

(2)辙叉心轮缘槽标准宽度(测量位置按标准图或设计图规定)为46 mm(采用心轨加宽技术的辙叉应符合设计要求),容许误差为$^{+3}_{-1}$ mm。

轮缘槽宽度的量取位置与轨距量取位置相同。

(3)斥离尖轨非工作边与基本轨工作边的最小距离为65 mm与轨距加宽值之和。

45. 道岔查照间隔和护背距离有什么规定?

答:道岔查照间隔(辙叉心作用面至护轨头部外侧的距离)在有客车运行的线路上不得小于1 391 mm,在仅运行货车的线路上不得小于1 388 mm;道岔护背距离(辙叉翼作用面至护轨头部外侧的距离)不得大于1 348 mm;测量位置按设计图纸规定。

46. 道岔(直向)与曲线间直线段长度有什么规定?

答:正线道岔(直向)与曲线超高顺坡终点之间的直线段长度:线路允许速度大于160 km/h时不应小于70 m,困难条件下不应小于30 m;线路允许速度为120(不含)~160 km/h时不应小于40 m,困难条件下不应小于25 m;其他地段不应小于20 m。

站线道岔与曲线或道岔与其连接曲线之间的直线段长度不应小于7.5 m,困难条件下不应小于6 m。轨距加宽递减率不应大于2‰,困难条件下不应大于3‰。

47. 尖轨、可动心轨有哪些伤损或病害时应及时修理或更换?

答:(1)尖轨尖端与基本轨或可动心轨尖端与翼轨间隙大于1 mm,短心轨与叉跟尖轨尖端间隙大于1.5 mm。

(2)尖轨、可动心轨侧弯造成轨距不符合规定。

(3)尖轨、可动心轨顶面宽50 mm及以上断面处,尖轨顶面低于基本轨顶面、可动心轨顶面低于翼轨顶面2 mm及以上。

(4)尖轨、可动心轨顶面宽50 mm及以下断面处,尖轨顶面高于基本轨顶面、可动心轨顶面高于翼轨顶面2 mm及以上。

(5)尖轨、可动心轨工作面伤损,继续发展,轮缘有爬上尖轨、可动心轨的可能。

(6)内锁闭道岔两尖轨相互脱离时,分动外锁闭道岔两尖轨与连接装置相互分离或外锁闭装置失效时。

(7)其他伤损达到钢轨轻伤标准时。

48. 基本轨有哪些伤损或病害时应及时修理或更换?

答:(1)曲股基本轨的弯折点位置或弯折尺寸不符合要求,造成轨距不符合规定。

(2)基本轨垂直磨耗,50 kg/m及以下钢轨,在正线上超过6 mm,到发线上超过8 mm,其他站线上超过10 mm;60 kg/m及以上钢轨，在允许速度大于 120 km/h 正线上超过 6 mm，其他正线上超过 8 mm，到发线上超过 10 mm，其他站线上超过 11 mm（33 kg/m 及其以下钢轨由铁路局集团公司规定）。

（3）其他伤损达到钢轨轻伤标准时。

49. 道岔部位的联结螺栓有什么要求？

答：道岔护轨螺栓、可动心轨咽喉和叉后间隔铁螺栓、长心轨与短心轨联结螺栓、钢枕立柱螺栓、可动心轨凸缘与接头铁联结螺栓、合金钢组合辙叉间隔铁螺栓必须齐全，作用良好，折断时必须立即更换。同一部位同时有两条螺栓或可动心轨凸缘与接头铁螺栓有一条缺少或折损时，道岔应停止使用。

50. 道岔零件有哪些伤损或病害时应及时更换或修理？

答：（1）各种螺栓、连杆、顶铁和间隔铁损坏、变形或作用不良，顶铁和轨腰离缝大于 2 mm。

（2）滑床板损坏、变形或滑床台磨耗大于 3 mm。

（3）轨撑损坏、松动，轨撑与轨头下颚或轨撑与垫板挡肩离缝大于 2 mm。

（4）护轨垫板折损。

（5）钢枕和钢枕垫板下胶垫及防切垫片损坏、失效。

（6）弹片、销钉、挡板损坏。弹片与滑床板挡肩离缝、挡板前后离缝大于 2 mm，销钉帽内侧距滑床板边缘大于 5 mm。

（7）其他各种零件损坏、变形或作用不良。

51. 道岔辊轮系统及其部件应满足哪些要求？

答：（1）辊轮安装与调整应符合铺设图要求，各零部件应保持齐全。

（2）尖轨在闭合状态下，尖轨轨底与辊轮的间隙应为 1~2 mm；尖轨在斥离状态下，尖轨轨底与滑床台上表面的间隙应为 1~3 mm。

(3)辊轮槽排水孔应保持畅通。

(4)辊轮上、下部分联结螺栓松动、折断、缺失、破损时应及时修理或更换。

52. 高锰钢整铸辙叉轻伤标准是什么?

答:(1)辙叉心宽 40 mm 断面处,辙叉心垂直磨耗(不含翼轨加高部分),50 kg/m 及以下钢轨,在正线上超过 4 mm,到发线上超过 6 mm,其他站线上超过 8 mm;60 kg/m 及以上钢轨,在允许速度大于 120 km/h 正线上超过 4 mm,其他正线上超过 6 mm,到发线上超过 8 mm,其他站线上超过 10 mm;可动心轨宽 40 mm 断面及可动心轨宽 20 mm 断面对应的翼轨垂直磨耗(不含翼轨加高部分)超过 4 mm。

(2)辙叉顶面和侧面的任何部位有裂纹。

(3)辙叉心、辙叉翼轨面剥落掉块,在允许速度大于 120 km/h 线路上长度超过 15 mm,且深度超过 1.5 mm;在其他线路上长度超过 15 mm,且深度超过 3 mm。

(4)钢轨探伤人员或线路(检查)工长认为有伤损的辙叉。

53. 可动心轨道岔接头螺栓扭矩及尖趾距离有什么规定?

答:可动心轨道岔的普通钢轨接头应使用 10.9 级螺栓,扭矩应保持 700~900 N·m。

可动心轨道岔的长心轨实际尖端至翼轨趾端的距离(简称尖趾距离),容许误差:12 号为 $^{+10}_{0}$ mm,18 号为 $^{+15}_{0}$ mm,30 号及以上为 $^{+25}_{0}$ mm。

54. 无缝道岔应满足的技术要求是什么?

答:(1)可动心轨无缝道岔的钢轨接头除绝缘接头采用胶接绝缘接头外,其余接头应全部焊接;固定型道岔除绝缘接头采用胶接绝缘接头、高锰钢辙叉前后 4 个接头可采用冻结接头外,其余接头应全部焊接。

固定型辙叉接头冻结应采用高强度螺栓，扭矩应保持 1 100~1 400 N·m。

(2)导轨、辙叉、心轨、翼轨的扣件扭矩应保持 120~150 N·m；尖轨及其前后各 25 m 范围内的基本轨扣件扭矩应保持 60~80 N·m。

(3)道床保持饱满，扣件保持紧固状态，达到轨下基础稳定、纵向无爬行、横向无横移。

(4)加强可动心轨道岔的心轨与翼轨锁定，以及联结件和钢轨接头螺栓的养护和紧固，防止尖轨爬行相错。

55. 调节器应满足的技术要求是什么？

答：(1)平面曲线和竖曲线地段不应设置调节器。

(2)调节器应采用基本轨伸缩、尖轨锁定的结构。

(3)基本轨始端、尖轨尖端至最近梁缝边的距离均不应小于 2 m。

(4)护轨伸缩接头的最大伸缩量应与调节器设计伸缩量一致。

(5)接续线钻孔位置应避开基本轨伸缩范围。

(6)调节器及其前后线路扣件类型和螺栓扭矩应符合设计要求。

(7)基本轨应按设计设置伸缩零点。

56. 温度应力式无缝线路构成及要求是什么？

答：温度应力式无缝线路，一般由固定区、伸缩区、缓冲区三部分构成。固定区长度不得短于 50 m。伸缩区长度应根据年轨温差幅值、道床纵向阻力、钢轨接头阻力等参数计算确定，一般为 50~100 m。缓冲区一般由 2~4 节标准轨(含厂制缩短轨)组成，普通绝缘接头为 4 节，采用胶接绝缘接头时，可将胶接绝缘钢轨插在 2 节或 4 节标准轨中间。缓冲区钢轨接头必须使用不低于 10.9 级的螺栓，螺栓扭矩应保持在 700~1 100 N·m。绝缘接头轨缝不得小于 6 mm。

57. 普通无缝线路轨条长度布置有何规定?

答:普通无缝线路轨条长度应考虑线路平纵断面条件及道岔、道口、桥梁、隧道所处的位置。总长度不足1 km的桥梁、隧道,轨条应连续布置。但在小半径曲线,列车制动、停车、启动,钢轨顶面擦伤严重等地段,应单独布置轨条。跨区间或区间无缝线路轨条长度应根据线路条件、工点情况、施工工艺及养护维修等因素综合研究。单元轨节长度宜为1 000~2 000 m,不应短于200 m。

58. 普通无缝线路现场焊接有何规定?

答:现场焊接不应设置在不同轨道结构过渡段、不同线下基础过渡段、道口、桥台、桥墩、钢桁梁桥的伸缩纵梁上及不作单独设计的桥上,且距桥台边墙和桥墩不应小于2 m。位于中跨度桥上的现场焊接应布置在1/4~1/2桥跨处,并避开边跨。铝热焊缝距轨枕边缘,线路允许速度不大于160 km/h的线路不应小于40 mm,线路允许速度大于160 km/h线路不应小于100 mm。单元轨节端头应方正,左右股轨端相错量,当单元轨节间采取焊接时不应大于100 mm,不焊接时不应大于40 mm。

59. 跨区间及区间无缝线路和无缝道岔上的绝缘接头、异型轨有何规定?

答:跨区间及区间无缝线路和无缝道岔上的绝缘接头必须采用胶接绝缘,其质量应符合钢轨胶接绝缘接头标准要求,钢轨端面与绝缘端板之间应密贴,间隙不应大于1 mm,左右两股钢轨绝缘接头应相对铺设,且绝缘接头轨缝绝缘端板距轨枕边不宜小于100 mm。不同轨型的钢轨应采用异型钢轨联结,所用异型钢轨应符合规章的要求。

60. 无缝线路发生哪些情况必须做好放散或调整工作?

答:无缝线路的锁定轨温必须准确、均匀,有下列情况之一者,必须做好放散或调整工作:

(1)实际锁定轨温不在设计锁定轨温范围以内。

(2)锁定轨温不清楚或不准确。

(3)跨区间、区间无缝线路相邻单元轨节之间的锁定轨温之差大于5 ℃,同一区间内单元轨节的最高与最低锁定轨温之差大于10 ℃;左右股钢轨锁定轨温之差,允许速度160 km/h及以下线路大于5 ℃,允许速度160 km/h以上线路大于3 ℃。

(4)长轨节产生不正常的位移。

(5)无缝道岔限位器顶死或两股尖轨相错量超过20 mm。

(6)夏季线路轨向严重不良,碎弯多。

(7)通过测试,发现温度力分布严重不匀。

(8)因处理线路故障或施工造成实际锁定轨温超出设计锁定轨温范围或位移超限。

(9)低温铺设轨条时,拉伸不到位或拉伸不均匀。

(10)某些线路因施工需要需提高或降低无缝线路的锁定轨温时。

61. 允许速度120 km/h及以上线路栅栏封闭及设置道口有何规定?

答:允许速度120 km/h及以上线路全封闭、全立交,线路两侧按标准进行栅栏封闭,并设置相应的警示标志。新建、改建铁路原则上不设置平面交叉。既有铁路与道路的平面交叉应逐步改为立体交叉。设置或拓宽铁路道口、人行过道应当符合中国国家铁路集团有限公司(以下简称国铁集团)有关规定。

第三单元　高速铁路线路

1. 高速铁路线路维修工作的原则是什么？

答：线路维修应按照预防为主、防治结合、严检慎修的原则，根据线路状态的变化规律，合理安排养护与维修，做到精确检测、全面分析、精细修理，以有效预防和整治病害。

2. 高速铁路线路维修工作周期检修是指什么？

答：周期检修指根据线路及其各部件的变化规律和特点，对钢轨、道岔、扣件、道床、无缝线路及轨道几何形位等按相应周期进行的全面检查和修理，以恢复线路完好技术状态。集团公司可根据线路设备状态、线路条件、运输条件和自然条件等具体情况调整维修周期，并报国铁集团核备。

3. 高速铁路线路维修工作经常保养是指什么？

答：经常保养是指根据动、静态检测结果及线路状态变化情况，对线路设备进行的经常性修理，以保持线路质量经常处于均衡状态。

4. 高速铁路线路维修工作临时补修是指什么？

答：临时补修指对轨道几何尺寸超过临时补修容许偏差管理值或轨道设备伤损状态影响其正常使用的处所进行临时性修理，以保证行车安全和舒适。

5. 高速铁路道岔其他零部件应满足哪些要求？

答：(1)其他零部件安装应符合铺设图要求，缺少时应及时补充。

(2)应使用铁路专用防腐油脂定期对螺栓涂油，螺栓保持润滑状态。

(3)间隔铁、限位器的联结螺栓、护轨螺栓、长短心轨联结螺栓、接头铁螺栓必须齐全,作用良好,折断时必须立即更换。同一部位同时有两条螺栓或接头铁螺栓有一条缺少或折损时,道岔应停止使用。

(4)顶铁、心轨防跳铁、尖轨防跳限位装置等各部件的联结和固定螺栓变形、损坏或作用不良时应进行修理或更换。

(5)尖轨防跳限位装置、心轨防跳顶铁和心轨防跳卡铁损坏或作用不良时应进行修理或更换。

6. 高速铁路无缝道岔应满足哪些技术要求?

答:(1)道岔应铺设在无缝线路固定区,正线道岔除胶接绝缘接头外,其他接头应全部焊接。

(2)无缝道岔的设计锁定轨温应与两端区间无缝线路设计锁定轨温一致,且应满足跨区间无缝线路允许温降和允许温升要求,道岔各联结件应牢固可靠。

(3)无缝道岔尖轨尖端伸缩位移、可动心轨尖轨伸缩位移应满足规定的要求,超过允许值应分析原因,并及时调整。

7. 高速铁路基本轨、翼轨、导轨和护轨出现哪些不良状态或伤损,应进行修理或更换?

答:(1)弯折点位置或弯折尺寸不符合要求。

(2)高锰钢摇篮出现裂纹。

(3)其他伤损达到钢轨轻伤标准时。

8. 高速铁路防跳装置的设置有何规定?

答:防跳限位装置与斥离尖轨(标准开口)间隙应为 3~5 mm,尖轨防跳顶铁与密贴尖轨间隙应为 2~4 mm,心轨防跳顶铁、卡铁、间隔铁与心轨间隙应为 2~4 mm。

9. 高速铁路道岔扣件有哪些伤损,应及时更换?

答:(1)岔枕螺栓、T 形螺栓折断或严重锈蚀。

(2)调高垫板损坏。

(3)弹性铁垫板或弹性基板的橡胶与铁件严重开裂。

(4)弹条、弹性夹、拉簧、弹片等损坏或不能保持应有的扣压力。弹性夹离缝、弹片与滑床板挡肩离缝、挡板前后离缝大于 2 mm。

(5)轨距块、挡板、缓冲调距块、偏心锥等严重磨损。

(6)套管失去固定螺栓的能力。

(7)垫板、滑床板、护轨垫板的焊缝开裂。

(8)滑床板损坏、变形或滑床台磨耗大于 3 mm。

(9)橡胶垫板、弹性铁垫板或弹性基板压溃、变形或作用不良。

10. 高速铁路辊轮系统及其部件应满足哪些要求?

答:(1)辊轮安装与调整应符合铺设图要求,各零部件应保持齐全,作用良好。

(2)闭合状态下,辊轮与尖轨轨底边缘间的空隙应为 1~2 mm;辊轮顶面应高于滑床台上表面 1~3 mm。

(3)辊轮槽排水孔应保持畅通。

(4)辊轮上、下部分连接螺栓松动、折断、缺失或辊轮转动不灵活、破损时应立即修理或更换。

11. 高速铁路无缝线路出现哪些情况应进行应力放散或调整?

答:无缝线路锁定轨温必须准确、均匀,有下列情况之一者,应进行应力放散或调整:

(1)实际锁定轨温不在设计锁定轨温范围以内。

(2)锁定轨温不明、不准确。

(3)两相邻单元轨节锁定轨温差超过 5 ℃,或左右股钢轨实际锁定轨温相差超过 3 ℃,或同一区间单元轨节最高、最低锁定轨温相差超过 10 ℃。

(4)铺设或维修作业方法不当,使轨条产生不正常伸缩。

(5)出现严重不均匀位移。

(6)夏季线路轨向严重不良,碎弯多。

(7)通过位移观测或测试分析,发现温度力分布严重不匀。

12. 高速铁路无缝线路养护维修技术要求有何规定?

答:(1)桥上无缝线路养护维修技术要求:

①应按设计要求,保持扣件布置方式和扣件紧固程度,尤其应加强温度跨度大的桥上无缝线路小阻力扣件养护。

②在高温和低温季节,应加强温度跨度大的桥上无缝线路结构和状态检查,加强连续梁活动端或桥台附近的线路状态检查,发现问题应及时处理。

(2)对大坡道地段、列车制动地段无缝线路应加强检查和锁定,防止钢轨爬行和轨向变化。

(3)应加强隧道口前后 100 m 线路检查,采取措施防止线路出现碎弯。

13. 高速铁路无缝线路焊接接头位置应符合哪些要求?

答:(1)左右股单元轨节锁定焊接头相错量不宜超过 100 mm。

(2)由道岔前端和辙叉跟端接头焊缝确定的道岔全长偏差不得超过±20 mm。

(3)铝热焊焊缝距轨枕边不得小于 100 mm。

(4)单元轨节起止点不应设置在不同轨道结构过渡段或不同线下基础过渡段范围。

14. 高速铁路联合接头应满足哪些要求?

答:(1)联合接头焊接质量应符合有关规定要求。

(2)联合接头位置不得设置在桥墩上和钢桁梁伸缩纵梁上,并要求距桥台边墙或桥墩不小于 2 m。

15. 高速铁路有砟轨道绝缘接头应满足哪些技术要求?

答:(1)绝缘接头应符合规章的规定。

(2)左右两股钢轨绝缘接头应相对铺设,且绝缘接头轨缝绝缘端板距轨枕边不宜小于 100 mm。

(3)胶接绝缘接头宜采用现场胶接。胶接绝缘接头与焊接接头间距不应小于 20 m,道岔间困难条件下不应小于 12 m。

16. 高速铁路无缝线路钢轨位移观测的要求有哪些?

答:应做好无缝线路钢轨位移观测,位移观测可采用仪器观测或弦线测量。累计位移量出现异常时(锁定轨温变化超过 5 ℃),工务段应及时查明原因,采取相应措施。无缝线路钢轨位移观测桩设置要求:

(1)钢轨位移观测桩必须预先埋设牢固,均匀布置,内侧应距线路中心不小于 3.1 m,桥梁地段应在固定支座上方设置。

(2)区间钢轨位移观测桩间距不应大于 500 m。

(3)道岔及其前后设置 7 对钢轨位移观测桩:岔头、限位器(或间隔铁)、岔尾(含直、曲股)、道岔前后 50 m 和 200 m 处。岔区道岔间距大于 50 m 时设一对钢轨位移观测桩。

(4)调节器及其前后设置 6 对钢轨位移观测桩:调节器两端及前后 50 m 和 200 m 处。双向调节器在中间增设 1 对。

17. 高速铁路线路标志设置位置有何规定?

答:线路标志应设在本线列车运行方向的左侧。

公里标和半公里标式样应符合规定,安设应牢固、可靠。有接触网支柱地段设置在距实际位置最近的接触网支柱上,隧道地段设置在边墙上,站内无接触网支柱地段按标准式样标注在站台侧面。公里标和半公里标实际位置应在钢轨轨腰上做标识,标识位置应正确。

18. 高速铁路线路动态检查周期有何规定?

答:(1)综合检测列车每 10~15 天检查 1 遍。

(2)动车组应安装车载式线路检查仪,每天对线路检查不少于 1 遍。

(3)工务段应使用便携式线路检查仪添乘检查线路,每月不少于2遍。

(4)应采用巡检设备检查线路设备状态,每半年不少于1遍。

19. 高速铁路综合检测列车检查报告有何要求?

答:(1)检查发现Ⅲ级及以上偏差或车辆动力学指标超限时,检测单位应立即通知集团公司。

(2)检测单位应及时将检测报告提交给有关单位,并向国铁集团提报月度和年度检测分析报告(含综合检测列车线路评分统计报告表)。

(3)综合检测列车对线路局部不平顺采用偏差扣分办法进行评定,对整体不平顺采用TQI进行评定。综合检测列车检查结果应分线、分段汇入综合检测列车线路评分统计报告表中。

20. 高速铁路钢轨探伤管理的相关规定有哪些?

答:(1)应采用以探伤车为主、探伤仪为辅的方式对正线钢轨进行周期性探伤,探伤车检查发现的伤损应采用探伤仪进行复核。

(2)应采用探伤仪对焊接接头、站线、道岔(包括尖轨和心轨变截面部分)、调节器(含尖轨变截面部分)及其前后60 m钢轨进行周期性探伤。

(3)探伤周期。

①使用探伤车对正线钢轨每年检查不少于7遍,冬季应缩短检查周期;使用钢轨探伤仪对正线钢轨每年检查1遍;使用钢轨探伤仪对到发线钢轨每年检查4遍,其他站线每年检查1遍。冬季可适当缩短探伤周期。

②使用钢轨探伤仪对正线道岔及调节器的钢轨每月检查1遍,对到发线道岔每年检查4遍,其他站线道岔每年检查1遍。

③对正线无缝线路和道岔、调节器钢轨的焊缝还应使用焊缝探伤仪进行全断面探伤,厂焊焊缝每5年检查1遍;现场闪光焊焊

缝每年检查1遍,铝热焊焊缝每半年检查1遍。

21. 高速铁路钢轨探伤轻伤标准是什么?

答:钢轨探伤检查有下列情况之一,即判为轻伤:

(1)材质缺陷虽未达到相关技术条件规定的钢轨报废程度,但与判废标准规定值相差不超过6 dB。

(2)焊接缺陷虽未达到 TB/T 2658.21—2007《工务作业 第21部分:钢轨焊缝超声波探伤作业》规定的焊缝报废程度,但与判废标准规定值相差不超过6 dB。

22. 高速铁路钢轨探伤重伤标准是什么?

答:钢轨探伤检查有下列情况之一,即判为重伤:

(1)在规定的探伤灵敏度下发现疲劳裂纹。

(2)达到或超过相关技术条件规定的钢轨报废程度的内部材质缺陷。

(3)达到或超过TB/T 2658.21—2007《工务作业 第21部分:钢轨焊缝超声波探伤作业》规定的焊缝报废程度的焊接缺陷。

23. 高速铁路钢轨外观及表面伤损检查周期有何规定?

答:(1)应采用巡检设备与人工巡视相结合的方式对钢轨外观进行检查。人工巡视检查每年不少于1遍。发现钢轨擦伤、鱼鳞裂纹、磨耗、锈蚀及其他伤损时,应进行复核。

(2)对磨耗达到轻伤的钢轨、道岔及调节器应使用钢轨轮廓(磨耗)测量仪每季度至少检查1遍。

(3)对剥离裂纹、表面裂纹和擦伤每季度检查1遍,必要时进行涡流和磁粉探伤。

涡流探伤主要用于曲线区段钢轨表面及近表面缺陷,特别是表面斜裂纹检查。

磁粉探伤主要用于焊后焊接接头和道岔表面及近表面缺陷检查。道岔磁粉探伤主要部位是尖轨全长的轨顶面、轨腰外侧面和轨底上表面；心轨的轨顶面以及高锰钢铸造翼轨的轨顶面和轨腰外侧面。磁粉探伤方法依据 GB/T 15822.1—2005《无损检测　磁粉检测　第 1 部分：总则》进行。

(4)对正线钢轨现场焊焊缝平直度，应使用钢轨平直度测量仪每年至少检查 1 遍，对低塌达到轻伤的焊接接头，每季度至少检查 1 遍。

(5)应对钢轨外观及表面伤损检查结果做好记录。

24. 高速铁路无砟轨道周期检修基本内容有哪些？

答：(1)线路设备质量动态检查。

(2)轨道几何尺寸和扣件扭矩静态检查。

(3)钢轨探伤。

(4)采用打磨列车对钢轨进行预打磨、预防性打磨和修理性打磨。

(5)联结零件成段涂油、复拧。

(6)根据刚度变化情况，成段更换弹性垫板。

(7)有计划地对无砟道床进行检查及修补。

(8)无缝线路钢轨位移、钢轨伸缩调节器(简称调节器)伸缩量的周期观测和分析。

(9)对沉降量较大地段的轨道状态进行周期观测和分析。

(10)精测网检查、复测。

25. 高速铁路无砟轨道经常保养基本内容有哪些？

答：(1)对轨道质量指数(TQI)超过管理值的区段或轨道几何尺寸超过经常保养容许偏差管理值的处所进行整修。

(2)根据钢轨表面伤损、光带及线路动态检测情况，对钢轨进行修理。

(3)整修焊缝。

(4)整修伤损扣件、道岔及调节器等轨道部件。

(5)无缝线路应力调整或放散。

(6)修补达到Ⅱ级及以上伤损的无砟道床。

(7)疏通排水。

(8)精测网维护。

(9)沉降地段轨道状态观测和分析。

(10)修理、补充和刷新标志、标识。

(11)根据季节特点对线路进行重点检查。

(12)其他需要经常保养的工作。

26. 高速铁路无砟轨道临时补修的主要内容有哪些?

答:(1)及时整修轨道几何尺寸超过临时补修容许偏差管理值的处所。

(2)处理伤损钢轨(含焊缝)和失效胶接绝缘接头。

(3)更换伤损的道岔护轨螺栓、可动心轨咽喉和叉后间隔铁螺栓、长心轨与短心轨联结螺栓等。

(4)更换伤损失效的扣件、道岔及调节器等轨道部件。

(5)更换或整治失效无砟道床。

(6)处理线路故障。

(7)其他需要临时补修的工作。

27. 高速铁路无砟轨道线路车间和工区的设置原则是什么?

答:线路车间管辖线路长度以营业里程200~300 km左右为宜,线路车间下设工区,工区间距平原地区一般为100 km左右。站间距较小的城际铁路、山区、高原和严寒地区车间和工区管辖线路长度可适当缩短。动车段(所)应单独设置线路车间或工区。

28. 高速铁路无砟轨道曲线超高设置要求是什么?

答:(1)超高最大值不得超过175 mm。

(2)未被平衡超高的一般要求。

①欠超高一般应不大于40 mm,困难条件下不大于60 mm。

②过超高应不大于 70 mm。初期兼顾货运的客运专线，货物列车按 80 km/h 速度检算时，最大过超高不得大于 90 mm。

(3)车站两端曲线超高设置应满足以下检算要求(v 为旅客列车进出站通过曲线时的速度)。

①当 $v \leqslant 160$ km/h 时，过超高一般不大于 90 mm，困难条件下不大于 110 mm。

②当 160 km/h $< v \leqslant 200$ km/h 时，过超高困难条件下不大于 90 mm。

③当 200 km/h $< v \leqslant 250$ km/h 时，过超高困难条件下不大于 80 mm。

④线路起终点车站或以进出站旅客列车为主的车站两端曲线，超高设置应满足本条第二款要求。

⑤在使用困难条件时，原则上应先用足进出站列车的过超高困难条件，再使用通过列车的欠超高困难条件；若仍不满足要求，应适当降低线路允许速度，直至超高设置符合规定。

29. 高速铁路 CRTS Ⅰ型板式无砟道床结构及主要技术要求是什么？

答：(1)道床结构由轨道板、水泥乳化沥青砂浆充填层、混凝土底座、凸形挡台及其周围填充树脂等部分组成。曲线超高在底座上设置。

(2)水泥乳化沥青砂浆充填层厚度为 50 mm，不应小于 40 mm。减振型板式轨道水泥乳化沥青砂浆充填层厚度为 40 mm，不应小于 35 mm。

(3)水泥乳化沥青砂浆应灌注饱满，与轨道板底部密贴，轨道板边角悬空深度应小于 30 mm。

(4)凸形挡台分为圆形和半圆形，半径为 260 mm，其周围填充树脂厚度为 40 mm，不应小于 30 mm。

(5)预应力混凝土轨道板不允许开裂,普通混凝土框架板混凝土裂缝宽度不得大于0.2 mm。

(6)底座混凝土裂缝宽度不得大于0.2 mm,路基和隧道地段混凝土底座间伸缩缝宽度为20 mm,状态应良好。

(7)排水通道,特别是框架式轨道板内排水、底座内预埋横向排水管道,应保持通畅。

30. 高速铁路CRTS Ⅱ型板式无砟道床结构及主要技术要求是什么?

答:(1)路基地段道床结构由轨道板、水泥乳化沥青砂浆充填层、支承层等部分组成。曲线超高在路基基床表层上设置。

(2)桥梁地段道床结构由轨道板、水泥乳化沥青砂浆充填层、底座板、滑动层、高强度挤塑板、侧向挡块及弹性限位板等部分组成。桥台后路基设置锚固结构(包括摩擦板、土工布、端刺)及过渡板。曲线超高在底座板上设置。长大桥区段底座板设有钢板连接器后浇带。

(3)隧道地段道床结构由轨道板、水泥乳化沥青砂浆充填层、支承层等部分组成。曲线超高一般在仰拱回填层(有仰拱隧道)或底板(无仰拱隧道)上设置。

(4)水泥乳化沥青砂浆充填层应与轨道板底部和支承层或底座板密贴,厚度为30 mm,不应小于20 mm,不宜大于40 mm。

(5)轨道板除预裂缝处以外,其他部位不得有裂缝。

(6)轨道板间接缝处混凝土裂缝不得大于0.2 mm,接缝现浇混凝土与轨道板间离缝不得大于0.3 mm。

(7)桥梁地段连续底座板(含后浇带部位)混凝土裂缝不得大于0.3 mm,侧向挡块与底座板不得粘连。

(8)路基和隧道地段支承层不得有竖向贯通裂缝。

(9)排水通道应保持通畅。

31. 高速铁路双块式无砟道床结构及主要技术要求是什么？

答：(1)路基地段道床结构由双块式轨枕、道床板、支承层等部分组成，道床板一般为纵向连续的钢筋混凝土结构。曲线超高在基床表层上设置。

(2)桥梁地段道床结构由双块式轨枕、道床板、隔离层、底座(或钢筋混凝土保护层)、凹槽(或凸台)周围弹性垫层等部分组成。道床板或底座沿线路纵向分块设置，间隔缝为100 mm。道床板与底座(或保护层)间设置隔离层，底座凹槽(凸台)侧立面粘贴弹性垫层。曲线超高在底座或道床板上设置。

(3)隧道地段道床结构由双块式轨枕、道床板等部分组成，道床板为纵向连续的钢筋混凝土结构。曲线超高在道床板上设置。

(4)双块式轨枕不得有裂缝，道床板混凝土不得有横向或竖向贯通裂缝。

(5)路基地段支承层不应有竖向贯通裂缝，支承层与道床板、路基基床表层间应密贴，不得有离缝。

(6)排水通道应保持通畅，道床板表面不得积水。

32. 高速铁路道岔区轨枕埋入式无砟道床结构及主要技术要求是什么？

答：(1)路基和隧道地段道床结构由桁架式预应力岔枕、道床板、底座或支承层等部分组成。

(2)桥梁地段道床结构由桁架式预应力岔枕、道床板、隔离层、底座及凹槽周围弹性垫层等部分组成。

(3)岔枕不得有裂缝，道床板混凝土不得有横向或竖向贯通裂缝。

(4)底座混凝土裂缝不得大于0.2 mm，底座或支承层不得有竖向贯通裂缝。

(5)排水通道应保持通畅，道床板表面不得积水。

33. 高速铁路道岔区板式无砟道床结构组成及要求是什么?

答:(1)路基地段道床结构由道岔板、底座(自密实混凝土层)及找平层等部分组成。

(2)桥梁地段道床结构由道岔板、水泥乳化沥青砂浆充填层、底座、滑动层、高强度挤塑板、侧向挡块及弹性限位板等部分组成。

(3)道岔板(或预设裂缝处)混凝土裂缝宽度应小于 0.2 mm,扣件周围不得有裂缝。

(4)路基地段底座、桥梁地段水泥乳化沥青砂浆充填层应与道岔板底部密贴。水泥乳化沥青砂浆充填层厚度为 30 mm,不应小于 20 mm,不宜大于 40 mm。

(5)桥梁地段连续底座混凝土裂缝不得大于 0.3 mm,侧向挡块不得有裂缝。

(6)排水通道应保持通畅,道岔板表面不得积水。

34. 高速铁路道岔区板式无砟道床主要技术要求是什么?

答:(1)对 T 形螺栓应进行定期涂油,防止螺栓锈蚀,油脂性能应符合相关规定。

(2)预埋套管中应保证有一定的防护油脂,油脂性能应符合相关规定。

(3)安装铁垫板时,轨底坡方向应朝向轨道内侧。

(4)弹条安装标准:弹条中部前端下颚与绝缘块不宜接触,两者间隙不得大于 0.5 mm;或使用扭矩扳手检测 T 形螺栓扭矩时,W1 型弹条为 100~140 N · m,X2 型弹条为 70~90 N · m。

(5)弹条养护标准:弹条中部前端下颚与绝缘块不宜接触,两者间隙不得大于 1 mm;或使用扭矩扳手检测 T 形螺栓扭矩时,W1 型弹条为 100~140 N · m,X2 型弹条为 70~90 N · m。

(6)锚固螺栓扭矩为 300~350 N · m。

(7)钢轨与绝缘块、绝缘块与铁垫板挡肩间缝隙之和不得大于

1 mm。

(8)钢轨左右位置调整量：±6 mm。

(9)高低调整量：$^{+26}_{-4}$ mm。

35. 高速铁路 WJ-7 型扣件组成及主要技术要求是什么？

答：(1)WJ-7 型扣件由 T 形螺栓、螺母、平垫圈、弹条、绝缘块、铁垫板、轨下垫板、绝缘缓冲垫板、重型弹簧垫圈、平垫块、锚固螺栓和预埋套管等组成，为满足高低调整需要，还包括轨下调高垫板(或充填式垫板)、铁垫板下调高垫板。

(2)弹条分为两种，即 W1 型弹条(直径为 14 mm)和 X2 型弹条(直径为 13 mm)，其中桥上采用小阻力扣件时使用 X2 型弹条。

(3)轨下垫板分为 A、B 两类，A 类用于兼顾货运的高速铁路(厚度为 12 mm)，B 类用于仅运行客车高速铁路(厚度为 14 mm)，每类又分为橡胶垫板和桥上采用小阻力扣件时配套使用复合垫板。

36. 高速铁路 WJ-8 型扣件由哪些部分组成？

答：WJ-8 型扣件由螺旋道钉、平垫圈、弹条、绝缘轨距块、轨距挡板、轨下垫板、铁垫板、铁垫板下弹性垫板和预埋套管等组成。为满足高低调整需要，还包括轨下微调垫板和铁垫板下调高垫板。

37. 高速铁路 WJ-8 型扣件主要技术要求是什么？

答：(1)预埋套管中应保证有一定的防护油脂，油脂性能应符合相关规定。

(2)夹板处应采用接头轨距挡板和绝缘轨距块。

(3)弹条安装标准：弹条中部前端下颚与绝缘轨距块不宜接触，两者间隙不得大于 0.5 mm；或使用扭矩扳手检测螺旋道钉扭矩时，W1 型弹条为 130~170 N · m，X2 型弹条为 90~120 N · m。

(4)弹条养护标准：弹条中部前端下颚与绝缘轨距块不宜接触，两者间隙不得大于 1 mm；或使用扭矩扳手检测螺旋道钉扭矩时,W1 型弹条为 130~170 N · m,X2 型弹条为 90~120 N · m。

(5)轨距挡板应与承轨槽挡肩密贴,间隙不得大于 1 mm;钢轨与绝缘轨距块、绝缘轨距块与铁垫板挡肩间缝隙之和不得大于 1 mm。

(6)钢轨左右位置调整量:±5 mm。

(7)高低调整量:$^{+26}_{-4}$ mm。

38. 高速铁路 W300-1 型扣件主要技术要求是什么?

答:(1)预埋套管中应保证有一定的防护油脂,油脂性能应符合相关规定。

(2)弹条安装标准:弹条中部前端与轨距挡板前端突起部分不宜接触,两者间隙不得大于 0.5 mm;或使用扭矩扳手检测螺旋道钉扭矩时,SKL15 型弹条为 210~250 N · m,SKLB15 型弹条为 150~180 N · m。

(3)弹条养护标准:弹条中部前端与轨距挡板前端突起部分不宜接触,两者间隙不得大于 1 mm;或使用扭矩扳手检测螺旋道钉扭矩时,SKL15 型弹条为 210~250 N · m,SKLB15 型弹条为 150~180 N · m。

(4)轨距挡板应与承轨槽挡肩密贴,钢轨与轨距挡板间隙不得大于 1 mm。

(5)钢轨左右位置调整量:±8 mm。

(6)高低调整量:$^{+26}_{-4}$ mm。

39. 高速铁路 W300-1 型扣件的分类、组成及规格是什么?

答:(1)W300-1 型扣件分为 W300-1a 型和 W300-1u 型两种。扣件由弹条、绝缘垫片、轨距挡板、螺栓、轨下垫板、铁垫板、弹性垫板和预埋套管等组成,为满足高低调整需要,还包括调高垫板。

(2)弹条分为两种,即 SKL15 型弹条(直径为 15 mm)和 SKLB15 型弹条(直径为 13 mm),其中桥上采用小阻力扣件时使用 SKLB15 型弹条。

(3)标准规格螺栓(Ss36-230)长度为230 mm。为满足高低调整需要,配有长度为240 mm和250 mm的螺栓。

(4)标准规格轨下垫板(Zw692-6)厚度为6 mm。为满足高低调整需要,配有厚度为2 mm、3 mm、4 mm、5 mm、7 mm和8 mm的轨下垫板。

(5)标准规格轨距挡板分为Wfp15a型挡板(适用于W300-1a型扣件)和Wfp15u型挡板(适用于W300-1u型扣件)两种。为满足钢轨左右位置调整需要,配有Wfp15a±1(Wfp15u±1)~Wfp15a±8(Wfp15u±8)各16种规格。

40. 高速铁路SFC型扣件主要技术要求是什么?

答:(1)预埋套管中应保证有一定的防护油脂,油脂性能应符合相关规定。

(2)安装铁垫板时,轨底坡方向应朝向轨道内侧。

(3)弹条初装扣压力不得小于9 kN;养护过程中弹条扣压力不得小于8 kN。

(4)锚固螺栓扭矩为150~200 N·m。

(5)钢轨与绝缘轨距块、绝缘轨距块与铁垫板挡肩间缝隙之和不得大于1 mm。

(6)钢轨左右位置调整量:±6 mm。

(7)高低调整量:30 mm。

41. 高速铁路SFC型扣件的分类、组成及适用条件是什么?

答:(1)SFC型扣件分为直列式和错列式两种。扣件由弹条、绝缘帽、铸铁底板、绝缘轨距挡块、橡胶垫板、锚固螺栓、贝式垫片、锯齿垫片、耦合垫板和预埋套管等组成,为满足高低调整需要,还包括位于铸铁底板和耦合垫板之间的调高垫板。

(2)弹条分为FC1504型、FC1502型和FC1306型三种。一般地段安装FC1504型弹条(直径为15 mm、配用8494型绝缘帽);夹板处安装 FC1502 型弹条(直径为 15 mm、不安装绝缘帽);小阻力扣件安装 FC1306 型弹条(直径为 13 mm、配用 12133 型绝缘帽)。

42. 高速铁路无砟轨道扣件出现哪些不良状态或伤损,应进行修理或更换?

答:(1)零部件损坏。

(2)预埋套管损坏。

(3)锚固螺栓扭矩(WJ-7 型、SFC 型)不满足要求。

(4)有螺栓弹条(WJ-7 型、WJ-8 型、W300-1 型扣件)紧固状态弹条中肢前端离缝超过 1 mm。

(5)无螺栓弹条(SFC 型扣件)不能保持应有的扣压力。

(6)弹性垫板静刚度超过设计上限的 25%。

43. 高速铁路尖轨、心轨、叉跟尖轨出现哪些不良状态或伤损,应进行修理或更换?

答:(1)尖轨尖端与基本轨或可动心轨尖端与翼轨间隙大于 1 mm,短心轨与叉跟尖轨尖端间隙大于 1.5 mm。

(2)尖轨、可动心轨侧弯,造成轨距不符合要求,或尖轨与基本轨、可动心轨与翼轨间隙超过 2 mm。

(3)尖轨、可动心轨拱腰,造成与滑床台间隙超过 2 mm。

(4)尖轨相对于基本轨降低值、心轨相对于翼轨降低值偏差超过 1 mm,且对行车平稳性有影响。

(5)尖轨与心轨因扭转或磨耗等原因造成光带异常,且对行车平稳性有影响。

(6)其他伤损达到钢轨轻伤标准。

44. 高速铁路无砟轨道绝缘接头应符合哪些技术要求?

答:(1)绝缘接头应符合规章的规定。

(2)左右两股钢轨绝缘接头应相对铺设,且绝缘接头轨缝绝缘端板距钢轨支承位置不宜小于 100 mm。

(3)胶接绝缘接头宜采用现场胶接,胶接绝缘接头与焊接接头间距不应小于 20 m,道岔间困难条件下不应小于 12 m。

45. 高速铁路无砟轨道调节器应满足哪些技术要求?

答:(1)平面曲线和竖曲线地段不得设置调节器。

(2)在桥梁中部设置双向调节器时,温度跨度不宜超过 200 m,宜将双向尖轨的对称中心设置在连续梁中部固定支座上方。

(3)调节器基本轨始端和尖轨跟端焊接接头位置距梁缝不应小于 2 m。

(4)接续线钻孔位置应避开基本轨伸缩范围。

(5)单向调节器应加强尖轨及其后 50~100 m 范围内钢轨锁定,双向调节器应加强尖轨范围锁定。

(6)调节器及其前后线路扣件类型和扭矩应符合设计要求。调节器扣件铁垫板锚固螺栓扭矩为 300~350 N·m;尖轨螺栓扭矩为 400~500 N·m;基本轨轨撑螺栓扭矩为 300~350 N·m。

46. 高速铁路无砟轨道对综合检测列车发现的偏差如何处置?

答:对综合检测列车发现的Ⅲ级及以上偏差处所,应及时安排临时补修;对轨道质量指数(TQI)超过管理值的区段和超过经常保养偏差管理值的处所,应安排经常保养;对车辆动力学指标超限处所,应及时分析原因,安排整修;对Ⅳ级偏差处所,或Ⅲ级偏差且车辆动力学指标超限处所应立即限速,200~250 km/h 线路限速不超过 160 km/h,250(不含)~350 km/h 线路限速不超过 200 km/h。

47. 高速铁路有砟轨道周期检修基本内容有哪些?

答:(1)线路设备质量动态检查。

(2)轨道几何尺寸静态检查。

(3)扣件、轨枕、道床状态检查。

(4)钢轨探伤。

(5)无缝线路钢轨位移、钢轨伸缩调节器伸缩量的周期观测和分析。

(6)沉降地段轨道状态观测和分析。

(7)精测网检查、复测。

(8)根据线路、道岔、调节器状态对线路平面、纵断面进行测设和优化,全面起道、拨道、改道、捣固、稳定,调整几何形位,清筛枕盒不洁道床和边坡,改善轨道弹性。

(9)采用打磨列车对钢轨进行预打磨、预防性打磨和修理性打磨。

(10)联结零件成段涂油、复拧。

(11)其他周期性检修的工作。

48. 高速铁路有砟轨道经常保养基本内容有哪些?

答:(1)对轨道质量指数(TQI)超过管理值或成段轨道几何尺寸超过经常保养容许偏差管理值的区段进行修理。

(2)无缝线路应力调整或放散。

(3)根据钢轨表面伤损、光带及线路动态检测情况,对钢轨进行修理。

(4)整修焊缝。

(5)整修伤损的扣件、道岔及调节器等轨道部件。

(6)更换、方正和修理轨枕。

(7)整治道床翻浆冒泥,补充道砟,整理道床。

(8)疏通排水,清除道床杂草。

(9)整治冻害。

(10)精测网维护。

(11)修理、补充和刷新线路标志、标识。

(12)根据季节特点对线路进行重点检查。

(13)其他需要经常保养的工作。

49. 高速铁路有砟轨道临时补修的主要内容有哪些?

答:(1)及时整修轨道几何尺寸超过临时补修容许偏差管理值的处所。

(2)处理伤损钢轨(含焊缝)和失效胶接绝缘接头。

(3)更换伤损失效的扣件、道岔及调节器等轨道部件。

(4)更换伤损的道岔护轨螺栓、可动心轨咽喉和叉后间隔铁螺栓、长心轨与短心轨联结螺栓等。

(5)处理线路故障。

(6)其他需要临时补修的工作。

50. 高速铁路有砟轨道线路车间和工区的设置原则是什么?

答:线路车间管辖线路长度以营业里程 100 km 左右为宜,线路车间下设线路工区,工区应在车站设置,线路工区管辖线路长度以营业里程 30 km 左右为宜。站间距较小的城际铁路、山区、高原及严寒地区车间和工区管辖线路长度可适当缩短。在动车段(所)应单独设置线路车间或工区。根据需要可设置其他车间和工区。

51. 高速铁路有砟轨道曲线超高设置要求是什么?

答:(1)超高最大值不得超过 150 mm。

(2)未被平衡超高的一般要求:

①欠超高一般不应大于 40 mm,困难条件下不大于 60 mm。

②过超高不应大于 70 mm。初期兼顾货运的客运专线,货物列车按 80 km/h 速度检算时,最大过超高不得大于 90 mm。

(3)车站两端曲线超高设置应满足以下检算要求(v 为旅客列车进出站通过曲线时的速度):

①当 $v \leqslant 160$ km/h 时,过超高一般不大于 90 mm,困难条件下不大于 110 mm。

②当 160 km/h$<v \leqslant 200$ km/h 时,过超高困难条件下不大于

90 mm。

③当 200 km/h<v≤250 km/h 时,过超高困难条件下不大于 80 mm。

④线路起终点车站或以进出站旅客列车为主的车站两端曲线,超高设置应满足本条第二款要求。

⑤在使用困难条件时,原则上应先用足进出站列车的过超高困难条件,再使用通过列车的欠超高困难条件;若仍不满足要求,应适当降低线路允许速度,直至超高设置符合规定。

52. 高速铁路有砟轨道混凝土枕失效判定标准是什么?

答:(1)明显折断。

(2)轨枕纵向通裂:挡肩顶角处裂缝宽大于 1.5 mm;纵向水平裂纹基本贯通(缝宽大于 0.5 mm)。

(3)轨枕横裂或斜裂接近环状裂缝(残余裂缝宽度超过 0.5 mm或长度超过 2/3 枕高)。

(4)挡肩缺损,接近失去支承能力(缺损长度超过挡肩长度的 1/2)。

(5)严重掉块。

(6)预埋铁座损坏。

(7)预埋件周围的混凝土裂纹宽度大于 1.5 mm。

53. 高速铁路有砟轨道混凝土枕严重伤损判定标准是什么?

答:(1)轨枕横裂或斜裂的裂缝长度为枕高的 1/2~2/3。

(2)轨枕纵裂:两螺栓孔间纵裂;挡肩顶角处裂缝宽不大于 1.5 mm;纵向水平裂缝基本贯通(裂缝宽不大于 0.5 mm)。

(3)挡肩缺损长度为总长度的 1/3~1/2。

(4)严重网状龟裂和掉块。

(5)承轨槽压溃,深度超过 2 mm。

(6)钢筋(或钢丝)外露(长度超过 100 mm)。

54. 高速铁路有砟轨道钢轨折断标准是什么?

答:钢轨折断是指发生下列情况之一者:

(1)钢轨全截面断裂。

(2)裂纹贯通整个轨头截面。

(3)裂纹贯通整个轨底截面。

(4)钢轨顶面上有长度大于 30 mm 且深度大于 5 mm 的掉块。

55. 高速铁路有砟轨道弹条Ⅳ型扣件系统组成及分类是什么?

答:(1)弹条Ⅳ型扣件系统由弹条、绝缘轨距块、橡胶垫板和预埋铁座等组成。

(2)弹条分为两种,即一般地段安装的弹条(直径为 20 mm)和夹板处安装的弹条(直径为 18 mm)。

(3)绝缘轨距块分为两种,即一般地段使用的绝缘轨距块和夹板处使用绝缘轨距块,每种绝缘轨距块各有 7 号~13 号七个规格。

56. 高速铁路有砟轨道弹条Ⅳ型扣件系统主要技术要求是什么?

答:(1)钢轨与绝缘轨距块、绝缘轨距块与预埋铁座间缝隙之和不应大于 1 mm。

(2)扣压力不应小于 9 kN(夹板位置弹条除外)。

(3)轨距调整量:−8~4 mm,通过更换不同号码的绝缘轨距块实现轨距和轨向的调整。

(4)高低调整:扣件不能进行高低调整,不得垫入调高垫板。

57. 高速铁路有砟轨道 FC 型扣件系统主要技术要求是什么?

答:(1)钢轨与绝缘轨距块、绝缘轨距块与预埋铁座间缝隙之和不应大于 1 mm。

(2)扣压力不应小于 9 kN(小阻力弹条不应小于 3 kN)。

(3)轨距调整量:−8~8 mm,通过更换不同号码的绝缘轨距块进行轨距和轨向调整。

（4）高低调整：扣件不能进行高低调整，不得垫入调高垫板。

58. 高速铁路有砟轨道FC型扣件系统组成、分类及适用条件是什么？

答：（1）FC型扣件系统由弹条、绝缘帽、预埋底座、绝缘轨距块和橡胶垫板等组成。

（2）弹条分FC1504型、FC1502型和FC1306型三种。一般地段安装FC1504型弹条（直径为15 mm、配用8494型绝缘帽），夹板处安装FC1502型弹条（直径为15 mm、不安装绝缘帽），小阻力地段安装FC1306型弹条（直径为13 mm、配用12133型绝缘帽）。

（3）绝缘轨距块共有十种规格，分别为6~15 mm厚度。

59. 高速铁路有砟轨道扣件出现哪些不良状态或伤损，应进行修理或更换？

答：（1）零部件损坏。

（2）预埋套管损坏。

（3）有螺栓弹条（弹条Ⅴ型）紧固状态弹条中肢前端离缝超过1 mm。

（4）无螺栓弹条（弹条Ⅳ型、FC型）不能保持应有的扣压力。

（5）橡胶垫板压溃或变形（两侧压宽合计：厚度为10 mm的橡胶垫板超过20 mm）丧失作用，橡胶垫片损坏时，应进行更换。

（6）轨距挡板严重磨损，钢轨与轨距挡板、轨距挡板与承轨槽挡肩离缝超过2 mm。

60. 高速铁路有砟轨道冻害地段的维修方法及作业要求有何规定？

答：冻起高度不超过17 mm地段，可用更换不同厚度调高垫板与橡胶垫板相结合的方法进行整修。每处调高垫板不得超过2块，较厚的垫板应置于下层，总厚度不得超过10 mm。橡胶垫板厚度不得小于3 mm，冻害回落后应及时恢复到设计标准。

冻起高度在 7 mm 以上且长度较短时，可采用落道的办法整治冻害。落道前应进行测量，落道时调高垫板不能撤除并要保证橡胶垫板为标准厚度，捣固处理后使轨面恢复原标高。冻害回落时可采取更换调高垫板与起道相结合的办法进行整治。

冻起高度超过 17 mm 的冻害地段，落道（连续两根轨枕及以上）处理，根据需要设置轨道加强设备。首列限速不高于 160 km/h，经检查整修后逐级提速，检查整修时邻线限速 160 km/h。

采用无调高功能的扣件系统或冻起高度超过 17 mm 时，冻害地段的维修方法和作业要求，由集团公司具体规定。

61. 高速铁路有砟轨道调节器应满足哪些技术要求？

答：（1）平面曲线和竖曲线地段不得设置调节器。

（2）在桥梁中部设置双向调节器时，温度跨度不宜超过 200 m，宜将双向尖轨的对称中心设置在连续梁中部固定支座上方。

（3）调节器基本轨始端和尖轨跟端焊接接头位置距梁缝不应小于 2 m。

（4）接续线钻孔位置应避开基本轨伸缩范围。

（5）单向调节器应加强尖轨及其后 100～150 m 范围内钢轨锁定，双向调节器应加强尖轨范围锁定。

（6）调节器及其前后线路扣件类型和扭矩应符合设计要求。

62. 高速铁路有砟轨道对综合检测列车发现的偏差如何处置？

答：对综合检测列车发现的Ⅲ级及以上偏差处所，应及时安排临时补修；对超过轨道质量指数（TQI）管理值的区段或成段几何尺寸超过轨道经常保养容许偏差管理值的处所，应安排经常保养；对车辆动力学指标超限处所，应及时分析原因，安排整修；对Ⅳ级偏差处所，或Ⅲ级偏差且车辆动力学指标超限处所应立即限速，200～250 km/h 线路限速不超过 160 km/h，250（不含）～300 km/h 线路限速不超过 200 km/h。

第四单元　普速铁路桥隧

1. 普速铁路桥隧建筑物修理实行何种管理体制？

答：桥隧建筑物修理实行检查与养修分开的管理体制。修理工作分为检查、维修和大修，维修工作分为经常保养和综合维修。

2. 普速铁路桥隧修理原则是什么？

答：桥隧修理工作采用状态修与周期修相结合的方式进行，以状态修为主，通过综合维修与经常保养相结合，整治既有病害，及时消除危及行车安全处所，经常保持桥隧建筑物状态均衡完好，使列车能以规定的速度安全、平稳和不间断地运行。

3. 桥梁按长度如何分类？

答：特大桥——桥长 500 m 以上；

大桥——桥长 100 m 以上至 500 m；

中桥——桥长 20 m 以上至 100 m；

小桥——桥长 20 m 及以下。

注：桥长——梁桥为桥台挡砟前墙之间的长度；拱桥为拱上侧墙与桥台侧墙间两伸缩缝外端之间的长度；刚架桥（或框构桥）为刚架（或框构）顺跨度方向外侧间的长度。

4. 隧道按长度如何分类？

答：特长隧道——隧长 10 000 m 以上；

长隧道——隧长 3 000 m 以上至 10 000 m；

中长隧道——隧长 500 m 以上至 3 000 m；

短隧道——隧长 500 m 及以下。

注：隧长指进出口洞门端墙墙面之间的距离，即以端墙面与内轨顶面

的交线同线路中线的交点计算。计算时,双线隧道以下行线为准;设有车站的隧道以正线为准。

5. 行洪桥涵孔径有何规定?

答:运营中的行洪桥涵孔径应能正常通过1/100频率的检定洪水。对特大桥及大中桥,若观测洪水(包括调查洪水)频率小于1/100,大于1/300时,应将观测洪水频率作为检定洪水频率。对技术复杂、修复困难或重要的特大、大桥还应能安全通过1/300校验频率的洪水。

6. 行洪桥涵孔径或桥下净空不足时如何处置?

答:行洪桥涵孔径或桥下净空不足时,应有计划地进行扩孔、抬高或改建。扩孔、抬高或改建后均应符合TB 10002—2017《铁路桥涵设计规范》的有关规定。对既有按1/50洪水频率设计的Ⅲ级铁路桥梁及各级铁路涵洞,在自然条件和周边环境未发生改变且未出现明显水害时,可暂缓进行改造。

7. 在铁路线路下通行机动车辆的立交桥涵净空高度不足5 m时有何要求?

答:在铁路线路下通行机动车辆的立交桥涵,其桥涵下净空高度不足5 m时,应按相关规定设置限高防护架。跨越铁路线路的立交桥上应按有关规定设置安全防护设施。

8. 运营桥梁墩台明挖基础和沉(挖)井基础的基底埋置深度应符合哪些条件?

答:运营桥梁墩台明挖基础和沉(挖)井基础的基底埋置深度应符合下列条件:

(1)无冲刷处或设有铺砌防护时,在地面下不小于2.0 m。

(2)有冲刷处,在墩台附近最大冲刷线以下应不小于下列安全值。

对一般桥梁,在检算洪水频率流量下,安全值为1.5 m加冲刷总深度(自河床面算起的一般冲刷深度与局部冲刷深度之和)的10%。

对技术复杂、修复困难或重要的特大桥、大桥,在检定洪水频率流量下,安全值为2.5 m加冲刷总深度的10%;在校验洪水频率流量下,安全值为检算洪水频率流量时安全值的50%。

(3)冻胀、强冻胀和特强冻胀土,在冻结线以下应不小于0.25 m;弱冻胀土,应不小于冻结深度;基底埋置深度不满足要求,但无基础冻害出现,可暂缓处理。

(4)对于不易冲刷磨损的岩石,墩台基础应嵌入基本岩层不小于0.25~0.5 m(视岩层抗冲性能而定)。如嵌入风化、破碎、易冲刷磨损岩层按未嵌入岩层计。

9. 运营桥梁墩台桩基础的埋置深度应符合哪些条件?

答:运营桥梁墩台桩基础的埋置深度应符合下列条件:

(1)冻胀土地区,当承台底设置在土中时,承台底面高程应位于冻结线以下不少于0.25 m,当承台底设置在不冻胀土层中时,承台埋深可不受冻深的限制。桩入土中深度不明时,承台底在最大冲刷线下不小于2 m。桩在最大冲刷线下的入土深度必须保证墩台稳定。

(2)有流冰的河流,承台底面高程应在最低冰层底面(冻结线)以下不少于0.25 m;或桩在最大冲刷线下的埋置深度必须保证墩台稳定。

(3)木桩顶面应位于最低地下水位或最低水位以下不小于0.5 m。

(4)嵌入新鲜岩面以下的钻(挖)孔灌注桩,其嵌入深度不小于0.5 m。

10. 涵洞基础设置及基底埋深有何规定?

答:运营涵洞基础除设置在不冻胀地基土上者外,出入口和自两端洞口向内各2 m范围内的涵身基底埋深:对于冻胀、强冻胀和特强冻胀土应在冻结线以下0.25 m;对于弱冻胀土应不小于冻结深度。涵洞中间部分的基底埋深可根据地区经验确定。严寒地区,当涵洞中间部分的埋深与洞口埋深相差较大时,其连接处应设置过渡段。冻结较深的地区,可将基底至冻结线下0.25 m的地基土进行处理。对出现基础冻胀病害的涵洞,应有计划进行整治。

11. 木桥枕铺设应符合哪些要求?

答:木桥枕铺设应符合下列要求:

(1)木桥枕间净距为100~180 mm(横梁处除外)。

(2)木桥枕不能铺设在横梁上,与横梁翼缘边应留出15 mm及以上缝隙。

(3)横梁两侧木桥枕间净距在300 mm以上,且木桥枕顶面高出横梁顶面50 mm以上时,应在横梁上垫短枕承托,短枕与护轨应联结牢固,并与基本轨底留出5~10 mm空隙。

(4)有桥面系的上承钢梁,木桥枕只能铺在纵梁上(设计容许铺设在主梁翼缘上的除外),在行车情况下不容许压着钢梁联结系。

(5)为调整桥面钢轨上拱度,木桥枕容许挖深30 mm以内的槽口,或使用比标准断面稍厚的木桥枕,也可在木桥枕下加垫木垫板,用螺钉(栓)或胶合联结牢固。

(6)木桥枕与螺栓头(铆钉头)接触处可挖钉窝或纵槽。

(7)每根木桥枕应用两根经过防锈处理的直径22 mm标准型钩螺栓与钢梁钩紧。螺栓均应安装110 mm×110 mm×8 mm的铁垫圈及6~10 mm厚的胶垫圈。在自动闭塞区间,钩螺栓铁垫圈与钢轨扣件间应留不小于15 mm的间隙。行车速度大于120 km/h区段,钢梁明桥面的钩螺栓不允许有缺少和连二失效。

(8)行车速度大于160 km/h区段,钢桥明桥面的木桥枕必须采用优质木材,断面尺寸应不小于220 mm(宽度)×260 mm(高度)。

12. 对木桥枕应如何养护?

答:木桥枕应注油防腐,加工新面和栓钉孔眼应按规定做好防腐处理。木桥枕发生腐朽、裂缝或损伤,应及时进行削平、灌缝、捆扎、挖补等修理工作。

13. 木桥枕或复合桥枕有哪些状态时,即为失效桥枕?

答:木桥枕或复合桥枕有下列状态之一时,即为失效桥枕:

(1)标准断面木桥枕因腐朽、挖补、削平和挖槽累计深度超过80 mm。

(2)钉孔周围腐朽严重,无处改孔,不能满足持钉及轨距保持时。

(3)木桥枕内部严重腐朽。

(4)通裂严重,影响共同受力。

(5)复合材料桥枕板材之间发生开裂。

14. 当木桥枕达到什么状态时应立即单根抽换?

答:钢轨接头处四根木桥枕(支接时为五根)中有一根或其他部位有连续两根及以上的失效木桥枕时,行车速度大于 120 km/h 区段钢梁明桥面有隔一或连二失效木桥枕时,均应立即抽换。单根抽换时,可使用整修后的旧木桥枕。

15. 木桥枕失效率达到多少时为整孔失效?

答:一孔钢梁上的木桥枕失效达 25% 及以上时,行车速度大于 120 km/h 区段一孔钢梁上的木桥枕失效达 20% 及以上时,行车速度大于 160 km/h 区段一孔钢梁上的木桥枕失效达 15% 及以上时,均应进行整孔更换。

16. 钢桥明桥面上应按哪些要求铺设护木?

答:钢桥明桥面上应按以下要求铺设护木:

(1)护木断面尺寸为 150 mm ×150 mm,材质为一级松(杉)木或复合材料。

(2)护木接头采用半搭接,设在桥枕上。护木与桥枕联结处应将护木挖深 20~30 mm 的槽口,紧扣在桥枕上。

(3)护木与木桥枕的联结采用Ⅰ式或Ⅱ式,如图 1-4-1 所示。

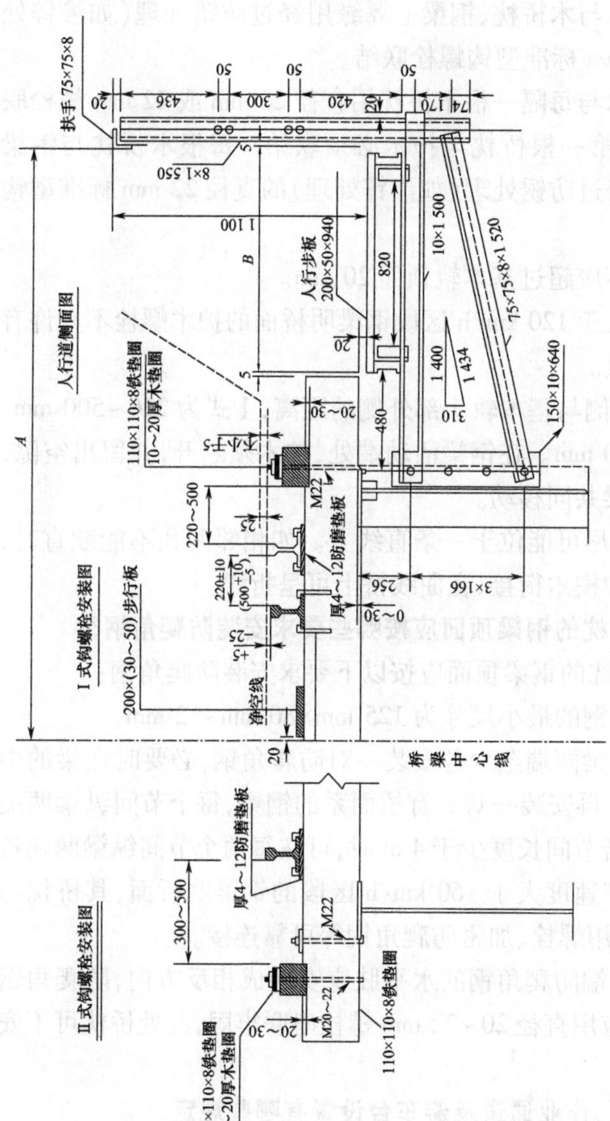

图1-4-1 护木与木桥枕的联结

注：(1) 人行道栏杆也可采用钢筋混凝土、木材或其他材料和形式，步行板也可采用梯形步行板、花纹钢板、钢筋混凝土板或其他形式和结构。
(2) 所有尺寸以mm计。
(3) 分开式扣件未示。
(4) A表示桥上线路中心至人行道栏杆内侧的净距，A与桥梁所处位置和行车速度有关。
(5) B表示人行道步行板的宽度，与A有关。

Ⅰ式为护木与木桥枕、钢梁上翼缘用经过防锈处理(如渗锌处理)的直径 22 mm 标准型钩螺栓联结。

Ⅱ式为护木与每隔一根木桥枕用直径 20 mm 或 22 mm 螺栓联结;每孔梁两端第一根桥枕与护木必须联结。每根木桥枕与钢梁上翼缘用两根经过防锈处理(如渗锌处理)的直径 22 mm 标准型钩螺栓联结。

螺栓顶端不应超过基本轨顶面 20 mm。

行车速度大于 120 km/h 区段钢梁明桥面的护木螺栓不允许有缺少和连二失效。

(4)护木内侧与基本轨头部外侧的距离,Ⅰ式为 220~500 mm,Ⅱ式为 300~500 mm。在钢梁活动端处,护木须断开,并留出空隙,使护木能与钢梁共同移动。

(5)护木应尽可能位于一条直线上。如相邻两孔不能顺直时,应在护木内侧加楔木衔接,在曲线桥上可呈折线。

17. 铺设桥枕的钢梁顶面应按哪些要求安装防爬角钢?

答:铺设桥枕的钢梁顶面应按以下要求安装防爬角钢:

(1)防爬角钢的最小尺寸为 125 mm×80 mm×12 mm。

(2)每孔钢梁两端至少各安装一对防爬角钢,必要时在梁的中部每隔 5~10 m 再安装一对。有桥面系的钢梁,每个节间纵梁两端各安装一对。若节间长度少于 4 m 时,可在每两个节间纵梁两端各安装一对。行车速度大于 160 km/h 区段的钢梁明桥面,其桥枕与纵梁之间,应采用螺栓、加密防爬角钢等可靠连接。

(3)钢梁两端防爬角钢的水平肢应安装成相反方向,防爬角钢的长肢与桥枕应用直径 20~22 mm 螺栓串联牢固,此处桥枕可不安装钩螺栓。

18. 步行板、作业通道及避车台设置有哪些规定?

答:明桥面应在轨道中心铺设步行板,并设置单侧或双侧作业通道;道砟桥面应设置双侧作业通道。不符合要求的应逐步改造。作业通道板应安全、稳固、防滑。

直线桥梁自线路中心至作业通道栏杆内侧的净距:钢梁明桥面应不小于2.45 m,混凝土梁桥面应不小于3.00 m,线路允许速度160 km/h以上桥梁桥面应不小于3.25 m。作业通道宽度应不小于0.8 m。线路中心至作业通道栏杆内侧净距小于3.25 m时,单线桥应在作业通道上按照间隔30 m左右交错设置避车台,双线及多线桥应在每一侧各相距30 m左右设避车台。曲线桥梁线路中心线至作业通道栏杆内侧的净距应考虑曲线加宽的影响。既有桥改造困难时,可维持现状,但必须采取其他保证作业人员安全的措施。

19. 桥上线路设置上拱度的标准是什么?

答:跨度在30 m及以上的钢梁,桥上线路应设置上拱度;对实测或计算挠度小于跨度1/1 600或≤15 mm时及连续梁的中孔,可不设上拱度。

上拱度值一般按以下规定设置:

(1)现行最大活载(包括冲击)作用下实测竖向挠度的1/2;开行动车组区段,按动车组和普通客车实测平均挠度之和的1/2。

(2)ZKH或ZH活载作用下为计算静挠度的1/2。

(3)悬臂梁端部的上拱度可采用按2倍悬臂梁长度的简支梁计算挠度的1/2,自由梁(挂孔)的上拱度值,按简支梁设置。

(4)连续梁的边跨按简支梁设置。

20. 作业通道荷载的限值有何规定?

答:作业通道静活载不得超过4 kPa(即每平方米不得超过400 kg),集中荷载不得超过1.5 kN。立柱与扶手承受的水平推力不得超过0.75 kN/m,集中荷载不得超过1.0 kN。

21. 桥上线路中线与梁跨设计中线的偏差有何要求?

答:运营桥上线路中线与梁跨设计中线的偏差,钢梁不应大于

50 mm,圬工梁不应大于 70 mm,行车速度大于 120 km/h 区段,钢梁、圬工梁均不应大于 50 mm。超过偏差限值时应进行检算,如影响承载能力(即 $K<1$)或侵入限界时,必须进行调整。

22. 曲线上明桥面的线路外轨超高如何设置?

答:(1)在桥枕挖槽限度内调整。

(2)在墩台顶面做成超高,但应检算钢梁斜放后的应力和稳定性,并注意钢梁排水。

(3)用楔形枕木。

(4)在曲线外侧的桥枕下加垫木垫板,用木螺钉(或螺栓)联结牢固,木垫板净厚不少于 30 mm,每边伸出钢梁上翼缘盖板边缘不少于 200 mm。

23. 桥面在哪些位置不应有钢轨接头?

答:桥面在下列位置不应有钢轨接头,否则应将其冻结、焊接或铺设长钢轨:

(1)桥长在 20 m 及以下的明桥面上。

(2)允许速度大于 120 km/h 区段的钢梁明桥面上。

(3)钢梁端、无砟无枕梁端、拱桥温度伸缩缝和拱顶处前后各 2 m 范围内,纵横梁连接处距横梁边缘 0.6 m 范围内。

(4)设有钢轨伸缩调节器的钢梁,在温度跨度(由一孔钢梁的固定支座至相邻梁固定支座或桥台挡砟墙的长度)的范围内。

24. 铺设无缝线路桥梁的作业条件有哪些?

答:铺设无缝线路桥梁的作业条件:

(1)明桥面单根更换及移动桥枕时,在实际锁定轨温加 20 ℃以下。

(2)上盖板涂装、更换铆钉、成段更换或方正桥枕及其他原因须起道时,在实际锁定轨温加 5 ℃减 15 ℃以内。

(3)起梁、移梁及拨移支座、捣垫砂浆等整治支座作业时,在实际锁定轨温加减 5 ℃以内。

(4)架空线路施工,必要时需采取钢轨应力放散或其他措施进行。

(5)在单独设计铺设无缝线路的桥梁上,应在设计允许的轨温范围内进行桥面作业。

25. 钢梁明桥面护轨铺设应符合哪些要求?

答:钢梁明桥面护轨铺设应符合下列要求:

(1)桥长大于 20 m 或跨越铁路、重要公路、城市交通要道的明桥面钢梁桥,应铺设护轨。

(2)钢梁明桥面护轨一般应采用与基本轨同类型的钢轨;混合桥上明桥面护轨也可采用比基本轨低一级的钢轨。

(3)护轨与基本轨头部间净距:在钢梁明桥面上,其净距为 220 mm,允许误差为±10 mm;当桥上设有伸缩调节器时,其最大净距可为 320~350 mm,允许误差为±10 mm;在混合桥上,当明桥面长度等于或小于 50 m 时,其净距在明桥面与有砟桥面上均为 500 mm;当明桥面长度大于 50 m 时,在明桥面和有砟桥面上各自采用自身的净距和允许误差,并在明桥面上采用不大于 1.5% 的斜率完成间距变化的过渡。

(4)护轨顶面不应高出基本轨顶面 5 mm,也不应低于 25 mm。

(5)护轨应伸出桥台挡砟墙以外,直轨部分长度不应小于 5 m,然后弯曲交会于线路中心。弯轨部分沿线路中心线的长度不小于 1.9 m,梭头尖端超出台尾的长度不小于 2.0 m,其顶部应切成不陡于 1∶1 的斜面并联结密贴,梭头尖端悬出轨枕的长度不得大于 5 mm。

(6)对既有明桥面,护轨下可加垫总厚度不大于 30 mm 的垫板。当护轨与基本轨头部间净距为 350~500 mm 时,护轨下应设普通铁垫板,扣压每股护轨的钩头道钉应在每根木桥枕上靠基本轨一侧钉两个,另一侧钉一个。当净距为 220~350 mm 时,护轨下可不加垫铁垫板;垫板厚度在 20 mm 及以下时,应在每隔一根木桥枕上钉两个道钉扣压每股护轨的两侧;垫板厚度超过 20 mm 时,应在每根木桥枕上钉两个道钉扣压每股护轨的两侧。

(7)自动闭塞区间,护轨应安装绝缘装置。

(8)每股护轨接头安装 4 个螺栓,每端安装 2 个,螺帽应安装在线路中心一侧,在伸缩调节器处应采用一端带长圆孔的夹板。

(9)护轨爬行严重时,允许安装防爬器。

(10)伸缩调节器范围内护轨按设计办理。

(11)因其他因素影响,护轨不能按标准设置时,应经铁路局集团公司批准,按特殊情况处理。

26. 桥、隧、涵检查设备设施的设置有何规定?

答:(1)当路堤及路堑边坡、隧道仰坡高度大于 3 m 时,应设置台阶。

(2)墩台顶至地面高度大于 4 m 或经常有水的桥梁,墩台顶应设置围栏、吊篮(桥墩设双侧);桥面至墩台顶应设置检查梯,并在作业通道或避车台上设有能开闭的出入孔。

(3)钢梁、圬工梁拱应根据结构形式和需要,分别设置吊篮、活动检查小车、栏杆和检查梯等。重要的桥梁应根据构造特点和需要,设置专门的移动检查设备和固定检查通道。河道可航行的桥梁应配备检修船只,常年有水桥梁应配备水下检查设备。

(4)空心墩、斜拉桥、系杆拱等均应安装相应的检查设备与桥梁检查通道。

(5)隧道、明洞及棚洞,应配备移动检查设备。

27. 通过桥隧建筑物安装设备有哪些要求?

答:原则上不允许通过桥隧建筑物安设高低压电缆、电线、各种管路等设备。如必须通过时,必须经铁路局集团公司批准,应有可靠的安全措施。任何情况下，上述设备的安装，必须限于桥梁承载力容许范围内，并不得侵入铁路桥隧建筑限界及妨碍桥隧的检查修理工作。

28. 钢结构涂装前表面清理有什么要求？

答：在涂装底漆前，应将钢料表面的污泥、油垢、铁锈、旧漆皮和氧化皮彻底清除干净。清除方法应根据钢表面清理等级要求分别采用喷砂、喷丸、手工清理和溶剂擦洗等方法。严禁使用腐蚀性物质清理钢表面。

29. 初始涂装和重新涂装前粗糙度有什么要求？

答：初始涂装和重新涂装前粗糙度要求：

（1）涂装涂料涂层时，钢表面粗糙度为 25～50 μm；选用最大粗糙度不得超过涂装体系干膜厚度的 1/3。表面粗糙度超过要求时，需加涂一道底漆。

（2）电弧喷铝时，钢表面粗糙度为 50～100 μm；当表面粗糙度超过 100 μm 时，涂层应至少超过轮廓峰 125～150 μm。

30. 初始涂装和重新涂装前清理等级有什么要求？

答：根据使用的涂料品种、施工方法和构件部位的不同，涂装对钢结构表面清理等级要求如下，对应除锈程度应达到规定要求：

（1）电弧喷铝或涂装环氧富锌底漆时，钢表面清理应达到 Sa3 级或 P Sa3 级。

（2）涂装红丹醇酸、红丹酚醛或聚氨酯底漆时，钢表面清理应达到 Sa2½级或 P Sa2½级。

（3）非密封的箱形梁和非密封的箱形杆件内表面涂装环氧沥青涂料时，钢表面清理应达到 Sa2 级或 P Sa2 级。

（4）限高防护架、作业通道栏杆、扶手、托架、墩台吊篮、围栏等桥梁附属钢结构及铆钉头、螺栓头或局部维护涂装使用红丹防锈底漆时，钢表面清理应达到 St3 级或 P St3 级。

31. 钢梁连接板层之间的缝隙如何处理?

答:钢梁连接板层之间大于 0.5 mm 的缝隙须将缝内污垢和铁锈清除干净,在第一道底漆干燥后,用石膏腻子填塞,待腻子表面干燥后,方可继续进行涂料涂装。小于 0.5 mm 的缝隙可用油漆封闭。腻子应与所用防锈底漆配套使用。

32. 钢梁初始涂装及运营中钢梁重新涂装有什么要求?

答:(1)钢梁初始涂装如在制造厂进行,应完成底漆、中间漆和第一道面漆涂装工作(节点或拼接部位只进行喷铝或涂无机富锌漆),其余面漆涂装在桥位上进行。

既有线电气化改造时,应对下承式钢桁梁及上跨的铁路钢梁重新进行长效涂装。

(2)运营中钢梁保护涂装起泡或裂纹或脱落的面积达 33%,点锈面积达 5%,粉化劣化达 4 级且底漆已失效时,应进行整孔重新涂装。

(3)对于距离水面较近的钢梁底面(包括桁梁下弦杆、纵横梁底面,下承板梁主梁和上承板、箱梁底面)、跨越受污染的河流的钢梁底部应增加涂装底漆一道、中间漆一道。

33. 钢梁涂装体系中,钢梁的电弧喷涂金属涂装有什么要求?

答:(1)电弧喷铝用铝丝材质应采用 GB/T 3190《变形铝及铝合金化学成分》中 5A02 的规定要求。

(2)金属涂层采用环氧类封孔剂进行封孔时,封孔层厚度无要求,涂覆的封孔剂至不被吸收为止;封孔后应加涂相应的配套涂料。

34. 钢梁涂装体系中,栓焊梁螺栓连接部分摩擦面涂装有什么要求?

答:(1)采用电弧喷铝时,涂层厚度为(150±50) μm;采用无机富锌防锈防滑涂料时,涂层厚度为(120±40) μm。涂层的抗滑移系数出厂时不小于0.55,架梁时不小于0.45。

(2)杆件栓接点外露的铝表面、无机富锌防锈防滑涂料表面与涂料涂层搭接处应涂装特制环氧富锌防锈底漆。钢梁组装后,栓接点外露的铝涂层应按规定进行涂装。栓接点螺栓、螺栓头处涂装特制环氧富锌防锈底漆,涂装前螺栓应除油,螺母和垫片应水洗清除皂化膜。

35. 钢结构的维护涂装有哪些规定?

答:(1)钢梁涂膜粉化达3级时,应清除涂层表面污渍,用细砂纸除去粉化物,然后覆盖相应的面漆2道。

(2)涂膜起泡、裂纹或脱落劣化达2~3级时,底漆完好,清理损坏区域周围疏松的涂层,并延伸至未损坏的涂层区域50~80 mm坡口,局部涂相应的底漆和相应的中间漆、面漆。如要保持涂层表面一致,可在局部涂面漆后,全部再覆盖面漆。

(3)涂膜劣化达2~3级生锈时,应清除松散的涂层,直到良好结合的涂层区域为止,表面清理应达到St3级或P St3级,未损坏的涂层区域边缘按(2)所述要求处理,然后局部涂装相应的底漆和相应的中间漆、面漆。如要保持涂层表面一致,可在局部涂面漆后,全部再覆盖面漆。

(4)旧喷锌或铝涂层发生锈蚀劣化类型为2~3级生锈时,应除去松动的锌或铝涂层和涂料涂层直到良好结合的锌或铝涂层区域为止,钢表面锈蚀清理应达到Sa2½级或P Sa2½级。对于未损坏的涂料和锌或铝涂层区域边缘按(2)所述要求处理。对于电弧喷锌或铝涂层清理部位,也可改涂特制环氧富锌防锈底漆二道,然后涂相应的中间漆和面漆。

(5)涂膜局部严重损坏应及时清理和涂装。

36. 钢梁涂装有哪些技术要求?

答:(1)涂装用漆应符合规章的要求,并有复查合格证。施工前应对涂料的颜色及外观、弯曲性能、附着力、细度、干燥时间、流出时间等主要技术指标进行复验和试涂,符合要求后方可进行正式涂装。

(2)钢梁初始涂装和整孔重新涂装时,钢表面清理等级及粗糙度应达到规定的标准,涂装体系应根据杆件的部位和环境地区确定。

(3)涂膜维护涂装时,应对局部劣化部位按要求进行清理,按原涂装系逐层进行涂装,并延伸至未损坏的涂层区域50~80 mm坡口,局部修理处干膜总厚度不应小于原涂装干膜的厚度。

(4)涂料涂层涂装时,应注意不同溶剂涂层间的搭配。在节点和上盖板交界处,封孔层、中间层及聚氨酯盖板漆等强溶剂不允许搭在其他漆上。进行维护涂装时,如不可避免搭在其上时,应妥善处理。

(5)涂料涂层施工时,应严格按要求的道数及涂膜厚度进行涂装,每道干膜厚度达不到要求时,应增加涂装道数,杆件边棱和难以涂装的部位应加厚或加涂一道。

(6)涂料中可加稀释剂调整施工黏度,稀释剂的品种应与所用涂料相适应。涂装时可根据油漆说明书实施。

37. 钢梁涂装施工需具备哪些条件?

答:(1)钢表面清理,严禁在雨、雪、凝露和相对湿度大于80%及风沙天气进行。

(2)环氧类漆不允许在10 ℃以下施工,水性无机富锌防锈底漆、酚醛漆、醇酸漆、聚氨酯漆、氟碳面漆不允许在5 ℃以下施工。不允许在相对湿度85%以上、雨天、雾天或风沙场合进行涂装施工。

(3)电弧喷涂铝涂层作业时,作业环境要求与电弧喷涂作业的间隔时间要求按规章规定。

(4)钢结构表面清理后应在4 h内涂装第一道底漆或电弧喷铝

涂层,电弧喷铝完成后应立即覆盖封孔剂。利用列车运行间隔施工时,覆盖封孔剂或涂层前,应对铝涂层表面清洁处理。

(5)涂装涂料涂层需在上一道涂层实干后,方可涂装下一道漆,底漆、中间漆最长暴露时间不超过 7 d,两道面漆间隔若超过7 d时需用细砂纸打磨涂层表面成细微毛面后方能涂下一道漆。

38. 钢梁结构涂层质量要求是什么?

答:(1)涂料涂层表面平整均匀,不允许有剥落、起泡、裂纹、气孔,允许有不影响防护性能的轻微橘皮、流挂、刷痕和少量杂质,厚度符合标准。

(2)金属涂层表面均匀一致,不允许有起皮、鼓泡、大熔滴、松散粒子、裂纹、掉块,允许有不影响防护性能的轻微结疤、起皱,厚度符合标准。

39. 高强度螺栓施拧后应该如何处理?

答:高强度螺栓拧紧后,为防止雨水及潮湿空气侵入板缝,节点板束四周的裂缝均应用腻子封闭。高强度螺栓、螺母和垫圈的外露部分均应进行涂装防锈。

40. 钢梁出现哪些状态时,应及时处理?

答:钢梁有下列状态之一时,应及时处理:

(1)主桁腹杆铆接接头处裂纹长度≥50 mm。

(2)下承式桁梁的端横梁与纵梁连接处下端裂纹长度≥50 mm。

(3)受拉翼缘焊接盖板端部裂纹长度>20 mm。

(4)主梁、纵横梁受拉翼缘边裂纹长度>5 mm,焊缝处裂纹长度≥10 mm。

(5)纵梁上翼缘角钢裂纹。

(6)主桁节点和板拼接接头铆栓失效≥10%。

(7)主桁构件、板梁结合铆钉松动连续 5 个及以上。

(8)纵横梁连接铆钉拔头。

(9)纵梁受压翼缘、上承板梁主梁上翼缘板件断面削弱≥20%。

41. 栓焊梁、全焊梁发生裂纹时,应采取哪些措施?

答:对于栓焊梁、全焊梁,若在焊缝及附近钢材上发现裂纹,可根据裂缝位置、性质、大小及数量,采取以下相应措施:

(1)在裂缝的尖端钻圆孔,孔的直径大致与钢板厚度相等,但最大不超过32 mm,裂缝的尖端必须落入孔中。

(2)用高强度螺栓连接拼接的方法进行加固。加固前裂缝尖端处凡能钻孔者均应钻孔。

(3)抽换杆件或换梁。

42. 相邻钢梁间及梁端与桥台挡砟墙间的净距有何规定?

答:相邻钢梁间及梁端与桥台挡砟墙间的净距必须满足梁跨的正常伸缩,并不得小于100 mm(既有钢梁净距不足100 mm时,经检算及观测不影响正常伸缩者,可暂缓处理)。如净距大于300 mm,可增加悬臂(牛腿),或在两孔梁间增加连接梁。

43. 钢结构性能及检查养护有何要求?

答:钢结构应具有要求的刚性、强度和稳定性。运营中根据钢结构形式,加强对各部联结节点、杆件、铆钉、销栓、焊缝的检查养护,使其经常处于良好状态。对承载能力不足或刚度不足、结构不良的钢梁,应进行加固或改善,确保行车安全。

44. 更换铆钉有什么要求?

答:更换铆钉时,如无铆合条件,可用双帽精制螺栓或高强度螺栓永久代替,应拆除一个,上紧或铆合一个,必要时可使用30%以下的冲钉过渡。禁止使用锛斧和大锤铲除钉头。

45. 新换钢梁或加固杆件的组拼应符合哪些要求?

答:新换钢梁或加固杆件的组拼应符合以下要求:

(1)组拼或加固部件尺寸应符合设计图纸要求。

（2）组拼板层用螺栓均匀拧紧，板层密贴，缝隙用 0.3 mm 插片探入深度不大于 20 mm。

（3）组拼杆件工作应在无活载情况下进行，并至少有 1/3 的孔眼安装螺栓及冲钉，其中 2/3 为冲钉，1/3 为螺栓。

（4）无活载情况下更换铆钉时，一般应每隔 2 个钉孔装一个螺栓，螺栓间距不得超过 400 mm，必要时应每隔 1 个钉孔穿一个螺栓，每组孔眼应打入 10% 的冲钉。

（5）栓焊梁使用的高强度螺栓、螺母及垫圈的技术条件必须符合 GB/T 1228～1231《钢结构用高强度螺栓》的规定，并附有出厂合格证。施工前应按规定对成品进行抽查。无出厂合格证或抽查不合格者，不得使用。

（6）铁路钢桥主体结构用钢材应符合 GB/T 714—2015《桥梁用结构钢》的要求。

46. 高强度螺栓的施拧方法有哪些？具体规定是什么？

答：高强度螺栓的初拧值应根据试验确定。一般取终拧值的 40%～70%，终拧方法可采用扭矩法或转角法。

（1）扭矩法——采用扭矩法施拧时，根据选用的施拧工具，应先进行螺栓扭矩系数的试验，从试验数据中求算平均值作为施拧依据，如离散性过大，应认真研究采取措施。供货时如扭矩系数值有保证，可不再作扭矩系数试验。

施拧时，使用示功扳手将螺母拧紧到规定的扭矩。扭矩值按下式计算：

$$M=k \cdot P \cdot d$$

式中 M——扭矩值（N·m）；

k——扭矩系数；

P——螺栓施工预拉力（kN）；

d——螺栓计算直径（mm）。

(2)转角法——采用转角法施拧时,确定初拧预拉力值后,按板束厚度及层数,试验测定螺栓轴向力与相应转角的关系,作为施拧依据,即在初拧后的螺杆和螺母的端面相对位置划一细线,再用长扳手或风动扳手将螺母拧至规定的角度。

47. 更换高强度螺栓有什么要求?

答:高强度螺栓更换,对于大型节点,同时更换的数量不得超过该节点螺栓总数的 10%,对于螺栓数少的节点则要逐个更换。在一个连接处(或节点)少量更换的螺栓、螺母及垫圈的材质、规格、强度等级应与原桥上使用者相同,不准混用。高强度螺栓发生超拧时应按报废处置,严禁再次使用。

48. 盆式橡胶支座出现哪些状态时应及时处理?

答:盆式橡胶支座出现下列状态之一时,应及时处理:

(1)盆环开裂或脱焊。

(2)聚四氟乙烯板磨耗严重,外露厚度不足 0.2 mm。

(3)位移或转角超限,位移量 ≥ 10 mm,转角超过设计值的 20%。

(4)锚栓剪断数量>25%。

49. 桥梁支座安装有什么要求?

答:支座位置安装正确,下座板必须水平安装,支座与梁底及支座与垫石间必须密贴无缝隙,水平各层部件间应密贴无缝隙。活动支座滚动(滑动)面应保持洁净滑润,保证梁跨自由伸缩、转动。固定支座应稳固可靠。

50. 桥梁固定支座设置有什么规定?

答:固定支座应设在纵向水平作用力的前端,在坡道上,设在较低一端;在车站附近,设在靠车站一端;在区间平道上,设在重车方向的前端。

51. 整体多片简支T梁、箱梁支座设置横向位移支座时应符合哪些规定?

答:整体多片简支T梁、箱梁支座设置横向位移支座时应符合以下规定:

(1)双线整孔简支箱梁,每孔梁一端应安装一个固定支座(GD)和一个横向活动支座(HX),另一端安装一个纵向活动支座(ZX)和一个多向活动支座(DX)。固定支座和纵向活动支座应在梁的同一侧,横向活动支座与多向活动支座应在梁的另一侧。

(2)双线并置简支箱梁,每孔梁一端应安装两个固定支座和两个横向活动支座,另一端安装两个纵向活动支座和两个多向活动支座。固定支座、纵向活动支座应安装在内侧,横向活动支座和多向活动支座应安装在外侧。

(3)整体多片简支T梁,中梁一端应安装固定支座,另一端安装纵向活动支座,边梁在中梁固定支座端应全部安装横向活动支座,另一端应全部安装多向活动支座。

(4)单线简支箱梁和简支T梁,每孔梁一端应安装两个固定支座,另一端应安装两个纵向活动支座。

52. 辊轴(摇轴)支座构造最大纵向位移应满足哪些要求?

答:辊轴(摇轴)支座使用时,其构造的最大纵向位移应满足以下要求:

(1)圆辊轴的边缘超出底板边缘不应大于1/4直径,或削扁辊轴的倾斜角不应大于14°(或辊轴与下摆、底板的接触线至辊轴边缘不应小于25 mm),摇轴倾斜角不应大于7°。

(2)辊轴(摇轴)的实际纵向位移应与计算的正常位移值相符合,当纵向位移大于容许偏差或有横向位移时,应加以修正。当辊轴出现不允许的爬动、歪斜或摇轴倾斜时,应校正支座的位置。

53. 桥梁钢支座有哪些状态时,应及时处理?

答:钢支座使用时,应保持各部分完好,有下列状态之一时,应及时处理:

(1)钢部件裂纹深度≥10 mm,主要受力部位焊缝脱焊。

(2)辊轴支座底板变形凹陷≥3 mm。

(3)销钉剪断。

(4)锚栓折断数量≥25%。

(5)支座位移超限,纵向>5 mm、横向>2 mm。

(6)活动支座不活动。

(7)支承垫石开裂、积水、翻浆。

(8)摇轴倾斜、辊轴位移或倾斜超过容许值。

(9)聚四氟乙烯板磨耗严重,外露厚度不足 0.2 mm。

54. 板式橡胶支座使用应符合哪些规定?

答:板式橡胶支座使用应符合以下规定:

(1)限于在线路纵坡小于或等于 6‰的混凝土梁上使用。

(2)常温型支座温度适用于-25~60 ℃,耐寒型支座温度适用于-40~60 ℃。

(3)板式橡胶支座应在接近年平均温度时落梁,否则应在接近年平均温度时再顶落梁调整到正确位置。

(4)为减少梁的横向位移或板式橡胶支座的横向剪切变形,应设置可靠的横向限位装置。

(5)更换橡胶支座时,原则上同一墩台或同一片梁应同时更换。

55. 板式橡胶支座有哪些状态时应及时处理?

答:板式橡胶支座有下列状态之一时,应及时处理:

(1)支座压溃,四周出现明显不规则的凹凸、弯曲或扭曲。

(2)支座剪切变形过大,活载作用时剪切变形≥24°,无活载作用时永久剪切变形≥15°。

(3)橡胶剥落掉块,导致加劲钢板表面或周边外露长度>100 mm。

(4)橡胶裂纹宽度≥2 mm,且连续长度达周边长度的50%以上。

(5)支座窜动大于相应边长的25%或有脱空。

(6)横向限位装置与梁体间不密贴,限位装置失效。

56. 圬工梁、拱及墩台出现哪些病害时,应安排处理?

答:圬工梁、拱及墩台应具有要求的强度、刚度、抗渗、耐久性和整体稳定性,并经常保持状态良好。如发现下列状态,应有计划地安排处理:

(1)防排水设施失效,梁体表面泛白浆。

(2)混凝土保护层中性化大于25 mm。

(3)钢筋混凝土梁沿主筋裂纹流锈水。

(4)混凝土梁碱—集料反应导致梁体产生裂纹。

(5)圬工梁、拱及墩台恒载裂缝宽度大于规定的限值。

(6)混凝土梁跨中道砟厚度不足20 cm。

(7)相邻跨梁端或梁端与桥台胸墙间顶紧,或相邻跨作业通道栏杆顶紧,影响梁跨自由伸缩。

(8)意外事故造成梁体或墩台混凝土局部溃碎或钢筋变形、折断。

57. 圬工梁、拱及墩台病害如何处理?

答:圬工梁、拱及墩台严重裂损,可采用修补、灌浆、表面封闭、加固等办法处理。墩台倾斜、下沉、冻害等病害,可采用地基加固、加深或扩大基础、台后换填、卸载等办法处理。病害严重、危及行车安全、整治处理不经济的梁拱及墩台,应进行更换或改建。

58. 更换或改建的混凝土梁或预应力混凝土梁跨有什么要求?

答:更换或改建的混凝土梁或预应力混凝土梁跨宜采用整体结构,不得采用无联结的双主梁、多主梁结构。预应力混凝土桥跨结构的混凝土强度等级不应低于 C40,钢筋混凝土桥跨结构的混凝土强度等级不应低于 C30。预应力及钢筋混凝土梁采用的钢材应符合国家有关标准。既有无砟无枕、无砟有枕小跨度结合梁,应根据轻重缓急逐步更换或改造;横向无连接的混凝土并置梁应逐步增设横向连接。

59. 墩台上相邻梁间、梁端与墩台挡砟墙间的间距有何规定?

答:墩台上相邻梁间、梁端与墩台挡砟墙间的间距,应能保证梁体自由伸缩,一般梁跨小于等于 16 m 时为 6 cm,梁跨大于 16 m 时为 10 cm。梁端及两片主梁中间的缝隙均应设有挡砟盖板,防止道砟流失。拱桥跨度大于 10 m 的混凝土边墙或跨度大于 15 m 的石砌边墙,应在拱脚附近设置温度伸缩缝,相邻孔的拱上刚架及刚架与墩台间也应设伸缩缝,缝宽一般为 1.0~2.0 cm。并线桥梁梁间无法设置作业通道时,梁间应设置盖板。梁端步行板缝隙应根据需要设置钢步板,并一端固定。

60. 桥面及梁端防排水设施有何规定?

答:桥面及梁端应加强防排水设施。桥面排水坡应不小于 2%,泄水管内径不宜小于 15 cm,泄水管向下设置,出水端须伸出梁体不少于 15 cm。泄水管顶端应采取可靠的防渗漏措施。道砟槽板内、外侧下缘宜设置通长滴水檐(槽)。

框构桥涵顶面应沿轴向设置人字形排水坡,雨水不应排向路基内。

61. 圬工梁拱、框构桥及桥台顶面铺设防水层有何规定?

答:圬工梁拱、框构桥及桥台顶面可能被积水渗入的处所,均应铺设防水层。防水层应采用耐久性好的材料和 C40 级纤维混凝土保护层,厚度不小于 4 cm。若发现与圬工体表面有湿润渗水、流锈水白浆时,应查明防水层状态,如有破损应进行修理,必要时予以更换或增设。

62. 框构桥涵外形尺寸误差,应符合哪些规定?

答:框构桥涵外形尺寸误差,应符合下列规定:宽度为±50 mm,轴向长度为±50 mm,顶板、底板厚度为$^{+20}_{-5}$ mm,中、边墙厚度为$^{+20}_{-5}$ mm;梗肋为±3%。

63. 框构桥涵的顶进误差,应符合哪些规定?

答:框构桥涵的顶进误差,应符合下列规定:

(1)中线,一端顶进时为 200 mm;两端顶进时为 100 mm。

(2)高程,顶程的 1%,但偏高不得超过 150 mm,偏低不得超过 200 mm。

64. 圆涵的顶进误差,应符合哪些规定?

答:圆涵的顶进误差,应符合下列规定:

(1)中线,50 mm。

(2)高程,偏高 20 mm,偏低 50 mm。

(3)管节错口,一端顶进时为 10 mm;对顶时为 30 mm。

65. 顶进桥涵的接口有哪些要求?

答:顶进桥涵的接口应采取可靠的防渗漏措施,并具有良好的耐久性。地质不良地段,应进行地基加固;就位后应对边墙两侧路基进行加固处理。

66. 隧道防排水设施应达到哪些要求?

答:隧道内外应有完整的防排水设施,以保证结构和设备的正常使用,要求达到:

(1)拱部不滴水,边墙不淌水,安装设备之孔眼不渗水。

(2)道床排水畅通,不浸水。

(3)在有冻害地段的隧道,拱部和边墙基本不渗水,衬砌背后不积水。

67. 隧道排水系统应符合哪些规定?

答:隧道排水系统应完整,整治排水系统应符合下列规定:

(1)排水沟底应在铺底或仰拱底面0.5 m以下,排水沟断面宽度应便于清淤。

(2)在隧道中的分坡平段范围内和车站内的隧道,排水沟底应有不小于1‰的坡度。

(3)中心排水沟间隔一定长度应设置检查井,沟顶应设有盖板。

(4)靠近道床一侧的侧沟墙身应设构造钢筋,并留泄水孔,泄水孔直径为4~10 cm,间距为100~300 cm。

(5)寒冷及严寒地区的排水设备,应有防寒设施,或设有在冻结线以下的深埋水沟。

(6)运营中隧道因电气化改造落底时,其原有排水沟应同时下落,沟底至铺底或仰拱底面不得小于0.5 m,必要时边墙基础亦应下落。

68. 隧道漏水整治原则是什么?

答:隧道内有漏水时,应查明水源、漏水位置及漏水量大小,遵循防、截、排、堵相结合,因地制宜,综合治理的原则进行整治,达到防水可靠,经济合理。

69. 隧道漏水整治措施有哪些?

答:整治隧道漏水,视漏水部位和漏水量,可选用以下措施:

(1)拱部(或边墙)漏水。快凝水泥或化学堵水材料封堵;围岩及回填层压注普通水泥或特种水泥浆液;衬砌内灌注速凝止水化学浆液;禁止使用水玻璃浆液作永久堵水材料。

(2)边墙淌水。边墙内设竖向排水暗槽或边墙背后设竖向盲沟等。

(3)施工缝、伸缩缝、沉降缝渗漏。嵌填弹性防水橡胶条、橡胶止水带等。

(4)隧底冒水。压注水泥砂浆;加深或增设排水沟;翻修隧底仰拱或铺底等。

整治隧道衬砌漏水,宜采取拱堵边排方案,整治的部位均应设置临时堵漏、柔性防水、刚性防水等防水层,以防止堵水材料收缩而渗漏。隧道内漏水结冰危及行车安全时,应及时刨除。

70. 增设明洞时防排水应符合哪些要求?

答:增设明洞时,其防排水应符合以下要求:

(1)明洞顶应设置必要的截排水系统。

(2)靠山侧边墙或边墙后,应设置纵向或竖向盲沟,将水引至边墙泄水孔排出。纵向盲沟设置纵坡不小于2‰。

(3)衬砌外壁应敷设外贴式防水层,防水层表面应设3~5 cm水泥砂浆保护层。洞门与既有隧道的接头处,应做好防水处理。

(4)回填土表面宜铺设黏性隔水层,并与边坡搭设良好。

71. 隧道外部地表水应采取哪些处理措施?

答:隧道外部的地表水丰富时,应有良好的地表和洞顶排水系统。地表沟谷、坑洼积水、渗水对隧道有影响时,宜采用疏导、铺砌和填平等措施,不使洞外地表水渗流到隧道内。

72. 运营隧道内空气的卫生应达到什么标准?

答:运营隧道内空气的卫生标准应达到:列车通过隧道后15 min以内,空气中CO浓度在30 mg/m^3以下,氮氧化物(换算成NO_2)浓度在10 mg/m^3以下。电化运营隧道内的卫生标准还应符合:湿度应小于80%,温度应低于28 ℃,臭氧浓度小于0.3 mg/m^3,含有10%以下游离SiO_2的粉尘浓度应小于10 mg/m^3。

瓦斯隧道在运营期间,必须进行瓦斯检测,隧道内在任何时间、任何地点瓦斯浓度不得大于0.5%。

73. 固定隧道照明安装及照度应符合哪些要求?

答:固定隧道照明安装及照度应符合以下要求:

(1)固定指示照明灯具安装高距轨面不应小于3.5 m,单线隧道安装在同一侧,双线隧道安装在两侧,间距为30 m。

(2)固定指示照明灯具及配件应具有防潮、防腐、防震动的三防性能,并满足相关技术要求。

(3)洞内所有照明设备,都应安装在基本建筑限界以外。

(4)固定指示照明在轨面上的最小照度在任何情况下不得小于1.0 lx,作业照明最小照度不小于15 lx。

74. 隧道、明洞出现哪些病害应及时处理?

答:隧道、明洞应保持状态完好。如发现下列病害,应查明原因,安排处理:

(1)衬砌开裂、变形、损坏。衬砌裂缝长度>5 m、宽度>5 mm;衬砌变形速率>10 mm/年;拱部衬砌压溃范围>1 m^2、掉块深度>10 mm。衬砌多条裂缝贯通有掉块可能时应立即有计划地安排处理。

(2)衬砌严重风化、腐蚀造成衬砌崩塌、剥落。衬砌腐蚀疏松深度大于衬砌厚度的1/6、面积在0.3 m^2以上。

(3)严重漏水、涌砂、涌水。电力牵引区段隧道拱部漏水,影响接触网正常使用;非电力牵引区段隧道拱部漏水成线;边墙淌水,造成严重翻浆冒泥,道床下沉;严寒地区漏水造成结冰侵限;涌水、涌砂浸泡道床。

(4)仰拱或底板变形损坏,导致基床下沉、道床翻浆,影响轨道稳定。

(5)洞内外排水设施损坏、失效,影响排水功能。

75. 隧道洞门设置有哪些规定?

答:隧道洞口应设置洞门。洞门端墙顶面高出仰坡脚不少于0.5 m,仰坡脚至洞门端墙顶帽背的水平距离应不少于1.5 m。洞门端墙与仰坡之间的水沟底至衬砌拱顶外缘的厚度不宜小于1.0 m。

76. 隧道洞口其他设施设置应符合哪些规定?

答:洞口其他设施设置应符合如下规定:

(1)洞口仰坡周围须设置排水、截水设施、检查通道。

(2)洞口仰坡及进出口路堑边坡有剥落可能时,坡面应予防护。

(3)洞口应有必要的检查设施和有关的标志。对设有巡守的隧道,应设巡守房屋。

77. 隧道选用的建筑材料应符合哪些规定?

答:选用的建筑材料应符合结构强度和耐久性的要求。同时,根据结构功能的需要还应满足抗冻、抗渗、抗侵蚀的要求。

混凝土的抗渗等级,寒冷地区有冻害地段和严寒地区不应低于P10,其他地区不应低于P8。

78. 排洪、灌溉涵洞的孔径及长度有何规定?

答:排洪涵洞的最小孔径不应小于1.25 m,且全长不应大于25 m,当全长大于25 m时,孔径还应相应加大。无淤积的灌溉涵孔径不应小于0.75 m。当孔径为0.75 m且净高(或内径)小于1.0 m时,长度不宜大于10 m;净高(或内径)大于等于1.0 m时,长度不宜超过15 m。城市或车站范围内涵洞的孔径,需酌情加大。现有涵洞不符合上述规定者,应结合具体情况逐步改造。

79. 涵洞防水有什么规定?

答:涵身、管节接缝、沉降缝、伸缩缝应不漏水。有压涵洞、倒虹吸管的管节接缝,应密不透水,无渗透现象。

80. 涵洞有满流情况时应采取哪些措施?

答:涵洞有满流情况时,可采用在入口处抬高管节及增砌漏斗形进口的办法处理,必要时应进行改建或扩孔。涵管裂损严重或管节离缝过大,应进行整治。

81. 涵洞出现哪些状态时,应安排处理?

答:涵洞必须保持状态完好,如发现下列状态之一时,应有计划地安排处理:

(1)钢筋混凝土结构裂缝宽度大于等于0.3 mm;混凝土拱形结构(含砖、石等砌体拱形结构)裂缝宽度大于等于20 mm。

(2)涵身破损变形、错位、拉开造成漏土或排水不畅;冻害引起线路变形。

(3)涵身、端、翼墙基础冲坏、基底全部或局部冲空。

(4)涵洞基底冒水潜流,洞内渗漏水,影响路基稳定。

(5)涵洞严重腐蚀风化、脱落深度≥20 mm,面积≥0.5 m^2。

(6)涵洞淤积严重,影响排洪。

(7)涵洞进出口护锥及防护设施冲毁。

82. 防止河床发生淤塞的方法有哪些?

答:为了保证洪水和流冰的正常通过,必须清除桥涵附近河道的淤土杂物。对有泥石流的桥涵,可采取在上游修建拦砂坝(谷坊)、拦石栅或加陡桥涵下游河道坡度等方法,以防止河床发生淤塞。

83. 有流冰的河流如何对墩台进行防护?

答:有流冰的河流,在墩台前应设有破冰棱和其他防冰设施。破冰设备可附在墩身上或单设。单设时破冰棱的结构形式,视水流流向与墩台交角而定,破冰棱尾端距墩台一般为2~8 m。如流冰量较大,可在破冰棱前30~50 m处设置前哨破冰棱,其数量为墩台数的1/2~1/3。

84. 桥梁浅基墩台如何进行防护加固?

答:对浅基墩台应进行防护加固。加固方法一般采用局部防护、整体防护或钻孔桩围幕等。防护应符合下列原则:

(1)局部防护的防护面不高于一般冲刷线,整体防护的防护面一般不高于河床最低点。

(2)防护的标高不得影响桥孔规定的泄洪能力,也不允许造成淹没堤防及上游农田的后果。

(3)对桥长大于 50 m 的浅基墩台,宜采用桩基托换或其他可靠的局部防护措施。

(4)防护的形式和标准,力求做到全桥等强度。

85. 桥梁在什么情况下需要修建、加固防护设施和调节河流建筑物,或对河道作适当的裁弯取直?

答:遇有下列情况时,应修建或加固防护设备和调节河流建筑物,也可根据具体情况,对河道作适当的裁弯取直:

(1)水流威胁桥台、桥头路基及淘刷桥头路基的堤脚。

(2)河道变迁,流向不顺,造成集中冲刷,影响局部墩台的稳定。

(3)防护设备或调节河流建筑物位置不当,数量不够,强度不足,可能造成冲毁或损坏。

第五单元　高速铁路桥隧

1. 高速铁路桥隧建筑物修理实行何种管理体制?

答:桥隧建筑物修理工作分为检查、维修和大修。维修工作分为经常保养和综合维修。检查、维修工作实行检养修分开的管理体制。

2. 高速铁路桥隧维修原则是什么?

答:桥隧维修工作应遵循预防为主,防治结合原则,强化设备检查,采取经常保养和综合维修相结合的方式,预防病害发生,保持桥隧建筑物使用状态均衡完好,使列车能以规定的速度安全、平稳和不间断地运行。

3. 高速铁路桥梁承载能力有何规定?

答:桥梁承载能力按《铁路桥梁检定规范》进行检算,以检定承载系数 K 表示(K 为结构所能承受的活载,相当于 ZK 活载的倍数),桥涵结构应满足 $K \geqslant 1$。

4. 高速铁路桥涵承载能力不足时采取哪些措施?

答:桥涵承载能力不足(即 $K<1$ 时),应根据其技术状态确定采取加固、更换或改建措施。加固、更换或改建后的桥涵,其承载能力必须满足 $K \geqslant 1$ 的要求。

5. 高速铁路救援疏散通道的设置有何规定?

答:桥长超过 3 km 时,应结合地面道路情况,在桥梁两侧每隔 3 km(单侧 6 km)左右交错设置可上下桥的救援疏散通道。救援疏散通道结构满足抗震设防要求。

6. 高速铁路检算洪水频率有何规定?

答:运营中的行洪桥涵孔径应能正常通过 1/100 频率的检算洪

水。技术复杂、修复困难或重要的特大桥、大桥应能安全通过1/300校验频率的洪水。对特大桥及大中桥,若观测洪水(包括调查洪水)频率小于1/100,但不小于1/300时,应将观测洪水频率作为检算洪水频率;频率小于1/300时,按1/300作为检算洪水频率。

7. 高速铁路梁体横向变形限值应符合哪些规定?

答:梁体横向变形限值应符合下列规定:

(1)在列车横向摇摆力、离心力、风力和温度的作用下,梁体的水平挠度不应大于梁体跨度的1/4 000。

(2)无砟轨道桥梁相邻梁端之间、梁端与桥台之间钢轨支点处的横向相对位移不应大于1 mm。

8. 高速铁路无砟轨道区段工后沉降限值有何规定?

答:无砟轨道区段桥台、涵洞边墙、隧道洞口与路基交界处的工后沉降差不应大于5 mm,工后沉降差造成的折角不应大于1/1 000。

9. 高速铁路墩台明挖基础和沉井基础基底埋置深度应符合哪些条件?

答:墩台明挖基础和沉井基础基底埋置深度应符合下列条件:

(1)位于河道非岩石地基上的桥跨不应采用明挖基础。

(2)冻胀、强冻胀土,在冻结线以下不小于0.25 m,同时满足冻胀力计算的要求;弱冻胀土,不小于冻结深度。

(3)无冲刷处,在地面下不小于2.0 m。

(4)有冲刷处,在墩台附近最大冲刷线以下应不小于下列安全值。

①对一般桥梁,在检算洪水频率流量下,安全值为2 m加冲刷总深度(自河床面算起的一般冲刷深度与局部冲刷深度之和)的10%;在校验洪水频率流量下,安全值为1.0 m加冲刷总深度的5%。

②对技术复杂、修复困难或重要的特大桥、大桥,在检算洪水频率流量下,安全值为3 m加冲刷总深度的10%;在校验洪水频率流量下,安全值为1.5 m加冲刷总深度的5%。

(5)对于不易冲刷磨损的岩石,墩台基础底应嵌入基本岩层深度不小于0.5 m。如嵌入风化、破碎、易冲刷磨损岩层,按未嵌入岩层考虑。

10. 高速铁路墩台桩基础和承台的埋置深度应符合哪些条件?

答:墩台桩基础和承台的埋置深度应符合下列条件:

(1)承台底面在土中时,承台板底面应在冻结线以下不小于0.25 m,或在最大冲刷线下不小于2 m(桩入土中深度不明时)。

(2)承台底面在水中时,应位于最低冰层底面以下不小于0.25 m。

(3)钻(挖)孔灌注桩为柱桩时,桩底嵌入基本岩层深度不应小于0.5 m。

(4)桩基在最大冲刷线下的埋置深度必须保证墩台稳定,满足承载力、刚度和沉降控制要求。

11. 高速铁路涵洞基础设置在冻胀、非冻胀等地基上有何规定?

答:涵洞基础除设置在非冻胀地基土上者外,出入口和自两端洞口向内各2 m范围内的涵身基底埋深:对于冻胀、强冻胀土应在冻结线以下0.25 m;对于弱冻胀土,应不小于冻结深度。严寒地区,当涵洞中间部分的埋深与洞口埋深相差较大时,其连接处应设有过渡段。对出现基础冻胀病害的涵洞,应有计划进行整治。

12. 高速铁路桥涵结构斜交时,有何规定?

答:桥梁结构斜交时,桥梁轴线与支承线夹角不宜小于60°,斜交桥台的台尾边线应与线路中线垂直,否则应有特殊措施与路基过渡。斜交涵洞的斜交角不宜大于45°。

13. 高速铁路两桥相邻台尾边线之间的路基过渡长度是如何规定的?

答:两桥相邻台尾边线之间的路基过渡长度不应小于 150 m;两框构涵相邻边墙之间、桥梁台尾线与相邻框构涵边墙之间的路基过渡长度不应小于 30 m。

14. 高速铁路涵洞顶至轨底填土厚度有何要求?

答:涵洞顶至轨底的填土厚度不宜小于 1. 5 m,框构涵沉降缝不应设在轨道下方,可设在两线中间,轨下涵节长度不宜小于 5 m。

15. 高速铁路哪些情况宜采用明洞?

答:隧道洞口崩塌落石防护宜采用明洞。两隧道洞口距离小于 30 m 时,宜采用明洞形式连接两隧道。

16. 高速铁路对隧道洞内、外排水有何要求?

答:隧道排水应通畅,洞内排水系统应与洞外排水系统可靠顺接。洞外排水应引排到自然稳定的沟谷中,经路堑、涵洞排放时应无缝顺接,保证过水能力和防止壅水。

17. 高速铁路隧道采用机械排水时,有何要求?

答:隧道排水应避免采用机械排水;当无法避免时,隧道应设置完备的机械排水设备和监控设备,并备用水泵、管路、电源等设施,设置单独的排水检修通道。

18. 高速铁路桥面线路中心距作业通道栏杆内侧之间的距离有何规定?

答:线路中心距作业通道栏杆内侧之间的距离宜为 4. 1 m,对 250 km/h 区段无砟桥面不应小于 3. 45 m,有砟桥面不应小于 3. 75 m。通道宽度不应小于 0. 8 m。

19. 高速铁路桥面防护墙应满足哪些规定?

答:桥面设防护墙,不设护轮轨,有砟轨道防护墙兼作挡砟墙。线路中心至防护墙内侧净距,有砟轨道不应小于 2. 2 m,无砟轨道不应小于 1.9 m。防护墙顶宽不应小于 0.2 m,顶面高程不低于相邻轨面,且不侵入限界。

20. 高速铁路防护墙外侧桥面设置电缆槽时有何要求?

答:防护墙外侧桥面设置电缆槽。电缆槽盖板顶面平整,铺设稳固。钢筋混凝土电缆槽盖板厚度不小于60 mm(可通行桥梁检查小车的钢筋混凝土电缆槽盖板厚度不小于90 mm),混凝土强度等级不低于 C40;活性粉末混凝土(RPC)电缆槽盖板厚度不小于25 mm,抗压强度不小于 120 MPa;宜在沿线路每 10 m 铺设带凹口的活动盖板。在梁缝处应设纵横向限位装置,防止电缆槽盖板在梁缝处窜动,影响人身安全。

21. 高速铁路有砟桥轨下枕底道砟厚度有何规定?

答:有砟桥轨下枕底道砟厚度不应小于 35 cm,直线段和曲线内股不应大于 45 cm。超过偏差限值时应进行检算,如影响承载力或侵入限界时,必须进行调整。

22. 高速铁路有砟桥面伸缩缝钢盖板使用耐候钢板,并满足哪些要求?

答:有砟桥面伸缩缝钢盖板使用耐候钢板,并满足下列要求:

伸缩缝钢盖板异型钢应采用不低于 Q345B 的耐候钢或异型铝合金型材,厚度不小于 16 mm,活动端应加工成约 1∶4 的斜坡,斜坡尖厚度约 4 mm;钢盖板长度与防护墙内侧净距一致,宽度应能保证与梁顶面的接触宽度不小于 10 cm,顶面与防水层的保护层顶面齐平,并应固定在梁体伸缩量小的一侧(简支梁应固定在固定支座一侧,桥头应固定在桥台胸墙一侧)。

23. 高速铁路桥梁作业通道栏杆设置有何规定?

答:作业通道栏杆高度不应小于 1.0 m,立柱和扶手的水平推力应能承受 0.75 kN/m 均布荷载和 1.0 kN 集中荷载的要求,栏杆与遮板连接锚固螺栓直径不应小于 16 mm。立柱垂直度不大于立柱高度的3‰;扶手高度应保持一致,10 m长矢度不大于10 mm。遮板顶部预埋钢板和U形螺栓外露部分应采用多元合金共渗加封闭层的防腐处理。

24. 高速铁路隧道出现哪些病害,应查明原因,及时处理?

答:隧道应保持状态完好,如发现下列病害,应查明原因,及时处理:

(1)拱部衬砌压溃、掉块;衬砌严重风化、腐蚀造成衬砌崩塌、剥落。

(2)仰拱或无砟轨道变形损坏,导致基床下沉、轨道板上拱、道床翻浆。

(3)拱部滴水,边墙淌水,基床冒水。严寒地区渗漏水结冰危及行车安全。

(4)衬砌开裂、变形、损坏:衬砌裂缝宽度>3 mm,且有发展。

(5)衬砌腐蚀疏松深度大于衬砌厚度的1/10、面积在0.1 m^2以上。

(6)洞内、外排水设施损坏、失效。

(7)洞口边、仰坡有剥落、坍塌可能时。

25. 高速铁路钢筋混凝土保护层厚度有何规定?

答:钢筋混凝土保护层厚度:拱墙、仰拱不应小于50 cm,底板不应小于4 cm,沟槽不应小于3.5 cm。

26. 高速铁路隧道环、纵向排水盲管设置有何规定?

答:排水型隧道环、纵向排水盲管设置在初期支护与防水板之间;防水型隧道环、纵向排水盲管设置在防水板与二次衬砌之间。环向设置直径不小于5 cm的排水盲管,间距一般在5~10 m;在仰拱与拱墙施工缝高度、无仰拱衬砌的边墙基础距侧沟底30 cm左右高度,两侧对称设置直径不小于8 cm的纵向排水盲管。

27. 高速铁路排水型隧道变形缝，防水应符合哪些要求？

答：排水型隧道变形缝，防水应符合以下要求：

(1)变形缝应设置中埋式橡胶止水带。

(2)变形缝在二次衬砌内缘不小于3 cm范围内，应采用聚硫密封胶封堵。

(3)变形缝其余空隙应采用沥青木丝板填缝料填塞密实。

(4)仰拱部位变形缝应设双层抗剪钢筋，直径应不小于50 mm。

28. 高速铁路防水型隧道施工缝，防水应符合哪些要求？

答：防水型隧道施工缝，防水应符合以下要求：

(1)环向施工缝，应设置中埋式钢边橡胶止水带和遇水膨胀止水条双重防水，拱墙应设置可维护注浆止水管。

(2)纵向施工缝，应设置止水钢板和遇水膨胀止水条双重防水。

29. 高速铁路防水型隧道变形缝，防水应符合哪些要求？

答：防水型隧道变形缝，防水应符合以下要求：

(1)变形缝应设置外贴式橡胶止水带和中埋式钢边橡胶止水带，双重防水。

(2)变形缝在二次衬砌内缘3 cm范围内，应采用聚硫密封胶封堵。

(3)聚硫密封胶与中埋式钢边橡胶止水带间设置直径20 mm打孔PVC波纹管。

(4)变形缝其余空隙应采用沥青木丝板填缝料填塞密实。

(5)仰拱部位变形缝设双层抗剪钢筋，直径应不小于50 mm。

30. 高速铁路隧道内有漏水时应如何处理？

答：隧道内有漏水时，应查明水源、漏水位置及漏水量，查阅原防水、排水系统的设计、施工、验收资料。遵循防、堵、截、排，因地制宜,综合治理的原则进行整治。

31. 高速铁路隧道防排水应符合哪些要求?

答:隧道内、外应有完善的防排水设施,防排水应符合下列要求:

(1)衬砌表面、施工缝、变形缝、设备安装孔眼不漏、不渗、无湿渍。

(2)排水系统不应出现堵塞、溢流、渗漏、淤积、冻结、冲刷,在有冻害地段的衬砌背后不积水。

(3)瓦斯隧道、机械排水隧道必须设置全包防水。

32. 高速铁路整治隧道渗漏水可选用哪些措施?

答:整治隧道渗漏水,视渗漏水部位和渗漏水量,可选用以下措施:

(1)衬砌渗漏水宜采用衬砌内压注速凝止水化学浆液。

(2)边墙淌水,宜采用边墙内设环向排水暗槽、衬砌后围岩注浆等措施;必要时边墙背后增设竖向盲沟。

(3)设置分区防水技术的防水板,可通过注浆管进行注浆堵漏。

(4)施工缝渗漏水采用在缝内压注速凝止水化学浆液、嵌填弹性防水橡胶条、橡胶止水带等,当埋设有可重复注浆管时,可通过重复注浆管进行注浆堵漏。

(5)变形缝渗漏水宜采用嵌填弹性防水橡胶条、橡胶止水带等。

(6)隧底冒水宜采用压注速凝材料、加深或增设排水沟,翻修隧底仰拱或铺底等。

(7)隧道内渗漏水结冰危及行车安全时,应及时刨除,并彻底整改。

33. 高速铁路增设明洞时,其防排水应符合哪些要求?

答:增设明洞时,其防排水应符合以下要求:

(1)明洞顶应设置完善的截排水系统。

(2)靠山侧边墙后,应设置纵向或竖向盲沟,将水引至边墙泄水孔排出。设置纵坡不小于2‰的纵向盲沟。

(3)衬砌外壁应敷设外贴式防水层,防水层的砂浆保护层厚度不应小于3 cm。

(4)洞门与既有隧道的接头处,应做好防水处理。

(5)回填土表面宜铺设黏性土隔水层或防水土工布,并与边坡搭接良好。

34. 高速铁路隧道排水系统的设置有何规定?

答:隧道排水系统应与洞外排水系统、天然水系统顺接,组成完整的排水系统。

(1)隧道全长范围内均应设置纵向盲沟、环向盲沟、侧沟、泄水槽、横向导水管、中心水沟或中心水管(干燥无水隧道除外)和检查井等。

(2)洞外应设置洞外排水沟、洞口截水横沟(单面坡隧道)、洞顶截水天沟、仰坡排水沟等;必要时,洞外应设置缓冲池(井)。

(3)机械排水隧道必须设置排水设备控制系统和备用排水管路、水泵、电源和监控系统。集水井宜与正洞隔离,机械排水系统检修通道与隧道外直接连通,集水井应根据最大出水量确定容量,并留有足够余量。

35. 高速铁路中心水沟应符合哪些规定?

答:(1)中心水沟宽度不应小于60 cm,深度不应小于80 cm(无砟轨道)或100 cm(有砟轨道)。

(2)当采用钢筋混凝土底板时,轨顶至中心水沟底面高差不应小于1.5 m;钢筋混凝土侧壁和底板厚度分别不应小于20 cm和25 cm。

36. 高速铁路对寒冷及严寒地区冬季有水的隧道水沟有哪些要求?

答:(1)当最冷月平均温度在-15~-10 ℃时,应设双侧保温水沟和中心保温水沟(管)。

(2)当最冷月平均温度在-20~-15 ℃时,应设中心深埋水沟。

(3)当最冷月平均温度低于-20 ℃时,应设防寒泄水洞。

(4)配套排水设施应防寒。

37. 高速铁路侧沟和中心水沟的连接,应符合哪些规定?

答:侧沟和中心水沟的连接,应符合以下规定:

(1)侧沟应与衬砌背后的纵、环向盲管连通,连通管直径不应小于 10 cm,间距应在 5~10 m。

(2)侧沟与中心水沟(管)之间设置横向导水管,间距不应大于 50 m,直径不应小于 10 cm。

(3)中心水管布设梅花形泄水孔时,泄水孔间距不大于 40 cm,管外回填粒径在 20~30 mm 的卵(碎)石滤层,且回填密实。

(4)检查井连通上下游排水管,两侧设置直径不小于 10 cm 的横向引水管。

(5)电缆槽沟底应设宽度 4 cm、高度 3 cm 的泄水槽,间距不应大于 5 m。

38. 高速铁路对自然通风条件不良的隧道如何要求?

答:自然通风条件不良的隧道,经过空气化验或通风试验,不能在规定时间内达到规定标准时,应设置机械通风。机械通风洞内风速不应大于 8 m/s。

39. 高速铁路长度 500~3 000 m 的曲线隧道和 1 000~3 000 m 的直线隧道,电源插座设置有何规定?

答:长度 500~3 000 m 的曲线隧道和 1 000~3 000 m 的直线隧

道,应设置施工照明电源插座;电源插座在隧道边墙两侧交错设置。

40. 高速铁路浅基墩台防护加固有何规定?

答:浅基墩台应进行防护加固。加固方法一般采用局部防护、整体防护、钻孔桩围幕或桩基托换等。防护标高应符合下列原则:

(1)局部防护的防护面不高于一般冲刷线,整体防护的防护面一般不高于河床最低点。

(2)防护的标高不得影响桥孔规定的泄洪能力,也不允许造成淹没堤防及上游农田的后果。

(3)防护的形式和标准,力求做到全桥等强度。

41. 高速铁路框构涵防水层的要求是什么?

答:框构涵顶面防水层宜采用防水卷材防水层,框构桥涵边墙侧面宜采用聚氨酯防水涂料防水。

42. 高速铁路混凝土梁、框构桥及桥台顶面可能被积水渗入的处所,有何规定?

答:混凝土梁、框构桥及桥台顶面可能被积水渗入的处所,均应铺设防水层。若发现混凝土表面有湿润渗水、流锈水、白浆时,或无砟轨道桥面防水层出现起泡、脱皮、空鼓、开裂、掉块等病害时应查明原因及时修理,必要时予以更换或增设。防水层应采用耐久性好的新型材料,保护层应采用 C40 及以上纤维混凝土,厚度不小于 6 cm。修补防水层的标准不应低于既有的防水层标准。修补部位的防水层搭接宽度不小于 20 cm。

43. 高速铁路桥梁伸缩装置的伸缩量应满足哪些要求?

答:相邻梁间、梁与桥台间桥面梁缝应设置伸缩装置,伸缩量应满足结构伸缩要求。

(1)防水橡胶带应采用氯丁橡胶或三元乙丙橡胶,氯丁橡胶伸缩装置适用月平均温度范围应为-25~60 ℃,三元乙丙橡胶伸缩装置适用月平均温度范围应为-40~60 ℃。橡胶的物理机械性能应满足《客运专线桥梁伸缩装置暂行技术条件》的规定。自然状态下橡胶最小厚度不应小于4 mm。

(2)伸缩装置安装平直,防水橡胶带应全部嵌固于异型耐候钢或异型铝合金型材凹槽内,不得积水,且沿梁缝全长设置,防水橡胶带不得有接缝。

44. 高速铁路梁体防排水设施有哪些问题时应及时处理?

答:梁体防排水设施有下列问题之一时,应及时处理:

(1)梁端伸缩装置渗漏水,防水橡胶带脱落、开裂、破损。

(2)伸缩装置长度不足或端部泄水。

(3)桥面过水孔堵塞。

(4)排水管系统破损、堵塞。

(5)箱室内积水。

45. 高速铁路桥面的防排水设施有何规定?

答:桥面应设有良好的防排水设施。根据轨道结构形式,桥面横向排水构造为六面坡三列排水,或四面坡两侧排水,或两面坡中间排水;排水坡度不小于2%,泄水管处应设有汇水坡,泄水管纵向间距宜在4.0 m左右。

46. 高速铁路防护墙过水孔有何规定?

答:防护墙过水孔高度和宽度均不小于15 cm,与防护墙过水孔对应位置的中间电缆槽竖墙应设置高度和宽度均不小于10 cm的过水孔。

47. 高速铁路立交桥桥下排水设施有何规定?

答:跨越铁路、公路、城市道路和居民区的立交桥,当桥下对排水有要求或需要考虑景观时,应设置纵、横向排水管和竖向落水管集中从梁端排水。纵、横向排水管设置排水坡度不应小于1%。落水管出口设弯管,弯管口距自然地面高差宜在0.5~1.0 m,地面设消能槽和简易排水沟,简易排水沟与周边排水系统顺接。纵、横向排水管和竖向落水管应连接牢固。

48. 高速铁路桥面排水系统的泄水管有何要求?

答:泄水管直径应根据实际排水量要求确定,内径不应小于15 cm,泄水管出口外露长度要保证排水不污染梁体、支座、墩台检查设施等,最小长度不小于15 cm。管盖厚度不小于38 mm,开孔最大尺寸宜为20 mm。严寒地区泄水管壁厚不宜小于8 mm。

49. 高速铁路有砟轨道混凝土桥面防水有何规定?

答:(1)混凝土桥面防水层应设置保护层,保护层纵向每隔4 m设置宽10 mm、深20 mm的横向预裂缝,并用聚氨酯防水涂料填实。

(2)防护墙间宜铺设卷材类防水层,防护墙根部加铺卷材附加层,附加层沿防护墙弯起高度5 cm,水平向宽度15 cm。防水层上设厚度不小于6 cm的纤维混凝土保护层,保护层与防护墙接缝应采用聚氨酯防水涂料封边,封边高度不小于8 cm。

(3)防护墙外侧电缆槽应采用聚氨酯防水涂料防水层,防水层上设厚度4~6 cm的纤维混凝土保护层。保护层与防护墙、电缆槽竖墙接缝应采用聚氨酯防水涂料封边,封边高度不小于8 cm。

50. 高速铁路无砟轨道混凝土桥面防水有何规定?

答:(1)轨道底座板直接与混凝土桥面板相连的无砟轨道结构,在轨道底座板范围外的防护墙之间应铺设卷材类防水层,防护墙和底座板根部加铺卷材附加层,附加层沿防护墙弯起高度5 cm,水平向宽度15 cm。防水层上设厚度不小于6 cm的纤维混凝土保护层,保护层与防护墙接缝应采用聚氨酯防水涂料封边,封边高度不小于8 cm。

(2)轨道底座板与混凝土桥面板之间设有隔离层(滑动层)的无砟轨道结构,可采用底涂、喷涂聚脲防水涂料、脂肪族聚氨酯面层组成的喷涂聚脲防水层。底涂宜采用常温、低温、高温型环氧树脂或聚氨酯材料；聚脲防水涂料涂膜厚度应在 1.6~2.0 mm 之间；脂肪族聚氨酯面层涂膜总厚度不应小于 200 μm。聚脲防水涂料涂膜宜采用深灰色，脂肪族聚氨酯面层宜采用中灰色。喷涂聚脲防水层上不设保护层。

(3)防护墙、侧向挡块根部应进行封边处理，封边高度不小于 8 cm；泄水管内壁涂刷聚脲防水涂料，深度不小于 10 cm。分次喷涂时，搭接长度不小于 10 cm。

(4)防护墙外侧电缆槽防水层铺设要求与有砟轨道桥面防水相同。

51. 高速铁路钢梁涂装施工条件有何规定?

答:(1)钢表面清理，严禁在雨、雪、凝露和相对湿度大于 80% 及风沙天气进行。

(2)环氧类漆不允许在 10 ℃以下施工，无机富锌防锈防滑涂料、酚醛漆、醇酸漆、聚氨酯漆、氟碳面漆不允许在 5 ℃以下施工。

不允许在相对湿度 80% 以上、雨天、雾天或风沙场合进行涂装施工。

(3)钢结构表面清理后应在 4 h 内涂装第一道底漆或电弧喷铝涂层，电弧喷铝完成后应立即覆盖封孔剂。

(4)涂层实干后，方可涂装下一道漆，底漆、中间漆最长暴露时间不超过 7 d，两道面漆间隔若超过 7 d 时需用细砂纸打磨涂层表面成细微毛面后方能涂下一道漆。

52. 高速铁路涂层质量有何要求?

答:(1)涂料涂层厚度符合标准，表面应平整均匀，不允许有剥落、起泡、裂纹、气孔，允许有不影响防护性能的轻微橘皮、流挂、刷痕和少量杂质。

(2)金属涂层厚度符合标准，表面应均匀一致，不允许有起皮、鼓泡、大熔滴、松散粒子、裂纹、掉块，允许有不影响防护性能的轻微结疤、起皱。

53. 高速铁路斜拉索和吊杆防护有何要求?

答:斜拉索和拱桥柔性吊杆应具有良好外防护套。采用螺纹连接的刚性吊杆连接部位应具有良好防锈保护和密封性,防止雨水及潮湿空气进入。

54. 高速铁路哪些设备都应进行保护涂装,防止钢结构锈蚀?

答:钢梁、钢—混凝土结合梁、钢箱拱肋、钢管拱肋、拱桥钢吊杆、钢桥面、支座钢件、防落梁装置、作业通道钢栏杆、钢立柱、疏散通道、吊篮、围栏、限高防护架等都应进行保护涂装,防止钢结构锈蚀。

55. 高速铁路涂装底漆有何要求?

答:在涂装底漆前,应将钢料表面的污泥、油垢、铁锈、旧漆皮和氧化皮彻底清除干净。清除方法:钢梁、钢—混凝土结合梁、钢箱拱肋、钢管拱、钢桥面、拱桥钢吊杆应采用喷砂、喷丸清理;防落梁装置、作业通道钢栏杆、疏散通道、吊篮、围栏、限高防护架等附属钢结构也可采用手工清理,严禁使用腐蚀性物质清理钢表面。

56. 高速铁路涂装对钢结构表面清理等级应符合哪些规定?

答:根据使用的涂料品种、施工方法和构件部位的不同,涂装对钢结构表面清理等级应符合下列规定:

(1)电弧喷铝或涂装环氧富锌底漆时,钢表面清理应达到Sa3.0级。

(2)涂装酚醛红丹、醇酸红丹底漆时,钢表面清理应达到Sa2.5级。

(3)箱形梁内表面涂装环氧沥青底漆时,钢表面清理应达到Sa2.0级。

(4)作业通道钢栏杆、疏散通道、吊篮、围栏、限高防护架等附属结构或局部维护涂装使用红丹底漆时,钢表面清理应达到St3.0级。

57. 高速铁路对钢结构有何要求?

答:钢结构应满足刚度、强度和稳定性的要求。运营中根据钢结构形式,加强对各部联结节点、杆件、销栓、焊缝的检查养护,使其经常处于良好状态。对承载能力或刚度不足、结构不良的钢梁,应进行加固或改善,确保安全。

58. 高速铁路钢结构清洁应注意哪些事项?

答:钢结构应保持清洁,要定期清扫污垢、尘土,冬季要及时清除冰雪。钢梁上的存水处所应设泄水孔,钻孔前须对杆件强度进行检算,箱梁杆件严禁开孔泄水。

59. 高速铁路桥梁支座出现哪些病害时,应及时处理?

答:(1)聚四氟乙烯板磨耗严重,凸出钢衬板高度不足 0.2 mm。

(2)聚四氟乙烯板滑出,滑出长度超出不锈钢板边缘 10 mm 以上。

(3)位移或转角超限,位移量超过设计值 10 mm,转角超过设计值的 20%。

(4)锚栓缺少或剪断。

(5)橡胶密封圈脱落或外翻。

(6)下支座板与支承垫石间灌浆料、干硬性砂浆开裂。

(7)支承垫石开裂、积水、翻浆。

(8)钢件裂纹深度≥10 mm,主要受力部位焊缝脱焊。

60. 高速铁路地震设防地段防落梁挡块设置有何规定?

答:地震设防地段梁端或墩台顶应设置防落梁挡块,防落梁挡块应采用 Q235 焊接工型钢,高度不宜小于 50 cm,挡块中心与支座中心一致,连接螺栓强度应满足抗震要求。

61. 高速铁路防落梁挡块出现哪些状态时,应及时处理?

答:防落梁挡块出现下列状态之一时,应及时处理:

(1)活动支座旁挡块与支承垫石顶死。

(2)活动支座旁挡块与墩台顶面顶死。

(3)墩顶相邻跨挡块连成整体,影响梁体自由伸缩。

(4)挡块与支承垫石之间的空隙大于40 mm。

62. 高速铁路桥梁采取的支座类型有哪些?

答:桥梁一般应采用盆式橡胶支座、球型钢支座,大跨度梁也可采用铰轴滑板支座;墩台基础工后沉降大的桥梁应采用调高支座。

63. 高速铁路各种接缝结构有何规定?

答:预应力混凝土梁的封锚及接缝处,应在构造上采取防水措施,防止雨水渗入。各种接缝应尽可能避开最不利环境作用的部位。对于结构有可能产生裂缝的部位,应适当增设普通钢筋限制裂缝发展。湿接缝新老混凝土之间应无错台,混凝土表面应平整,无蜂窝麻面、露筋、夹缝。

墩台上相邻梁间、梁端与桥台胸墙间的间距,应能保证梁体自由伸缩,误差不应超过设计梁缝的±10%。

64. 高速铁路混凝土梁及墩台出现哪些状态,应及时处理?

答:混凝土梁及墩台如发现下列状态,应及时处理:

(1)混凝土保护层中性化深度大于25 mm。

(2)钢筋混凝土梁裂缝流锈水。

(3)混凝土梁碱—集料反应导致梁体产生裂缝。

(4)混凝土梁及墩台恒载裂缝宽度大于规定的限值。

(5)预应力混凝土梁徐变上拱造成跨中道砟厚度不足30 cm。

(6)预应力混凝土梁徐变上拱或基础沉降造成轨道扣件无余量可调整。

(7)相邻跨梁端或梁端与桥台胸墙间顶紧,或相邻跨作业通道栏杆、电缆槽道、遮板等顶紧,影响自由伸缩。

(8)意外事故造成梁体或墩台混凝土局部溃碎或钢筋变形、折断。

(9)寒冷地区,空心墩台内部积水。

(10)防排水设施失效,梁体表面泛白浆。

65. 高速铁路混凝土梁及墩台严重裂损和墩台倾斜、下沉、冻害等病害时如何处理?

答:混凝土梁及墩台严重裂损,可采用修补、灌浆、表面封闭、加固等办法处理,并符合相应技术标准要求。墩台倾斜、下沉、冻害等病害,可采用地基加固、加深或扩大基础、台后换填、卸载等办法处理。

66. 高速铁路桥上疏散指示标识设置有何规定?

答:桥上疏散指示标识应每隔 300 m 设置一组,且在距离疏散通道 300 m 以内应每隔 50 m 设置一组,每组指示标识 4 块,分别涂刷在桥面两个防护墙的内、外侧面;桥下安全门外侧应设置禁止通行警示牌。

67. 高速铁路桥梁救援疏散通道设置有何规定?

答:桥梁救援疏散通道设置在有地面维修通道一侧时,应保证桥墩与疏散通道之间的净宽不小于 3.0 m。疏散通道与梁部独立;顶部平台宜在桥墩位置,其与桥面作业通道顶面相对高差不应大于 8 cm。平台顶面与桥面遮板之间的缝隙不应大于 10 cm,也不应小于 5 cm。

68. 高速铁路桥梁安全防护门应符合哪些要求?

答:桥梁救援疏散通道下方应设安全防护门,并符合以下要求:

(1)安全防护门高度不应小于 2.5 m,宽度不应小于踏步的长度。

(2)安全防护门边框应采用焊接钢管,门锁内外钢衬板厚度不应小于3 mm,并内置钢龙骨;设置门锁,锁芯应防雨水侵入。

69. 高速铁路排洪涵洞的最小孔径和无淤积的灌溉涵孔径有何规定?

答:排洪涵洞的最小孔径不应小于1.25 m,且全长不应大于25 m;当全长大于25 m时,孔径相应加大。无淤积的灌溉涵孔径不应小于1.0 m,长度不宜超过15 m;当全长大于15 m时,孔径相应加大。

70. 高速铁路受地形限制设置倒虹吸时,有何规定?

答:受地形限制设置倒虹吸时,应采用钢筋混凝土框架箱形或圆形结构;孔径不应小于1.25 m;节间密封不渗水,路基和地基应具有抗渗稳定性;出入口与渠道连接的渐变段应进行铺砌加固,末端设置垂裙;竖井口设置钢筋混凝土活动盖板,进口处设置拦污栅,进口前应设置闸门式溢洪道;当渠道水流挟带大颗粒物质时,进口应设置沉淀池。

71. 高速铁路涵洞出现哪些状态时,应及时处理?

答:涵洞必须保持状态完好,如发现下列状态之一时,应及时处理:

(1)钢筋混凝土结构裂缝宽度≥0.3 mm。

(2)涵身破损变形、错位、拉开造成漏土或排水不畅;冻害引起线路变形。

(3)涵身、端墙、翼墙基础冲坏、基底局部冲空。

(4)涵洞基底冒水潜流,洞内渗漏水,影响路基稳定。

(5)涵洞严重腐蚀风化、脱落深度≥20 mm,面积≥0.5 m^2。

(6)涵洞淤积严重,影响排洪。

(7)涵洞进出口护锥及防护设施冲毁。

(8)倒虹吸拦污栅、溢洪道闸门破损。

第二部分　电务部分

第一单元　通用知识

1. 铁路车站的线路及作用有哪些?

答:车站为了进行运输生产活动,除了正线外,都设有站线,有的车站还设有段管线、岔线及特别用途线等。站线包括到发线、编组线、牵出线、货物装卸线及站内作为指定用途的其他线路。

到发线——供列车到达或出发使用的线路。

编组线——进行列车编组与解体作业使用的线路。

牵出线——设在编组场或编组线群的一端,并与到发线相连接,专供列车解体、编组及转线等,作为车辆牵出使用的线路。

货物线——进行货物装卸作业和货车停留使用的线路。

其他用途线包括机车走行线、机待线、机车整备线、禁止溜放车停留线、驼峰迂回线、轨道衡线、加冰线、倒装货物线、车辆洗刷线及车辆站修线等。

2. 车站的作用及分类有哪些?

答:为了保证行车安全和必要的通过能力,铁路线必须适当地划分为若干段,每段线路叫作一个区间。线路上划分区间的地点叫作分界点,它是列车运行的界限,如果在分界点上配备有站线,这样的分界点就叫作车站。

车站既是铁路办理客、货运输的基地,又是铁路系统的一个基层生产单位。在车站上,除办理旅客和货物运输的各项作业以外,还办理和列车运行有关的各项工作。为了完成上述作业,车站上设有客货运输设备及与列车运行有关的各项技术设备,还配备了客运、货运、行车、装卸等方面的工作人员。

目前,我国铁路网上有几千个大小车站,共分六个等级,即特等站,Ⅰ、Ⅱ、Ⅲ、Ⅳ、Ⅴ等站。

车站按技术作业的不同可分为编组站、区段站和中间站(包括会让站和越行站),编组站和区段站总称为技术站。按业务性质又可分为客运站、货运站和客货运站等。

3. 股道的长度如何划分?

答:股道的长度(有效长度)是指在股道全长范围内可以安全停留机车车辆的一段长度。股道有效长可以按下述三种情况划分:

(1)到发线的有效长以出站信号机至另一端警冲标或对向道岔尖轨尖端为准。

(2)一般股道上的有效长以两警冲标之间的距离为准。

(3)尽头线的有效长以警冲标至车挡之间的距离为准。

4. 什么是建筑限界?

答:建筑限界是一个和线路中心线相垂直的横截面,它规定了保证机车车辆安全通行所必需的横截面最小轮廓尺寸。凡靠近铁路线路的建筑物和设备,其任何部位(各机车车辆有相互作用的设备除外)都不得侵入限界之内,信号工作涉及较多的就是建筑限界,如图 2-1-1 所示。

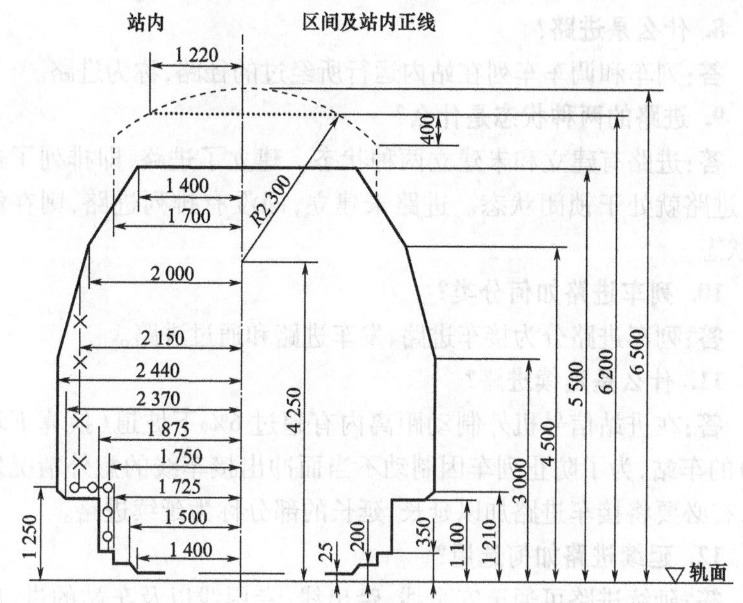

图 2-1-1 建筑限界(单位:mm)

-×-×-×- 信号机建筑限界(正线不适用);

- - - - 适用于电力牵引区段的跨线桥、天桥及雨棚等建筑物;

-○-○-○- 月台建筑限界(正线不适用);

——— 各种建筑物的基本限界;

……… 电力牵引区段的跨线桥在困难条件下的最小高度

5. 正线上的信号机建筑接近限界是如何规定的?

答:正线信号机与所属线路的建筑接近限界是 2 440 mm。

6. 侧线上的信号机建筑接近限界是如何规定的?

答:侧线信号机与所属线路的建筑接近限界是 2 150 mm。

7. 什么是故障—安全原则?

答:故障—安全是指设备在发生故障后能够自动导向安全侧。故障—安全是信号设备所遵循的最基本的原则之一。

8. 什么是进路?

答:列车和调车车列在站内运行所经过的径路,称为进路。

9. 进路的两种状态是什么?

答:进路有建立和未建立两种状态。建立了进路,即排列了进路,进路就处于锁闭状态。进路未建立,即没有排列进路,则在解锁状态。

10. 列车进路如何分类?

答:列车进路分为接车进路、发车进路和通过进路。

11. 什么是延续进路?

答:在进站信号机外制动距离内有超过 6‰下坡道(换算下坡道)的车站,为了防止列车因制动不当而冲出接车线的意外情况发生,有必要将接车进路加以延长,延长的部分称为延续进路。

12. 延续进路如何选用?

答:延续进路可通至安全线、牵出线、专用线以及车站的进、出口。延续进路的始端应为同方向的出站信号机,终端为安全线上的车挡、牵出线或专用线入口处的调车信号机、车站出入口处的信号机或站界标。

13. 各种信号设备的安装、装配及机械部分,应符合哪些要求?

答:各种信号设备的安装、装配及机械部分,均应符合下列要求:

(1)材料、配件的规格、材质、强度应符合规定标准,安装牢固,零件齐全,无裂纹、破损,铆钉不活动,焊口无开焊。当机械性能达不到规定标准时,不得继续使用。

(2)螺栓不滑扣,螺母须拧固,螺杆应伸出螺母外,最少与螺母平,不锈蚀,弹簧垫圈等防松配件能起到应有的作用;开口销劈开角度 60°~90°,两臂劈开角度应基本一致。

(3)机械活动部分动作灵活,互不卡阻,旷动量不超限,弹簧弹力要适当,并起到应有的作用。

(4)各种连接杆整体、局部锈蚀或磨耗,不得影响机械强度性能,锈蚀或磨耗减少量不得超过 1/10。

(5)轴孔、销子孔、摩擦滑动面及调整用螺扣等,应保持清洁、油润(用铅粉作润滑者除外)、无锈。

(6)各种冷、热压零件及机件中的键不得活动和窜出。

14. 各种信号设备的电气特性,应符合哪些要求?

答:各种信号设备的电气特性,除《普速铁路信号维护规则(技术标准)》另有规定外,均应符合下列要求:

(1)电气接点须清洁、压力适当、接触良好,接点片磨耗不得超过厚度的 1/2;同类接点应同时接、断,定、反位接点不得同时接触,并保持规定的接点间隙。

(2)各种电气连接牢固,不锈蚀、接触良好,插接(含弹簧端子)元器件的接触部分不变形,作用良好。

(3)电容、二极管等分立电子元器件,其特性指标达不到标准时,不得继续使用。

(4)用 500 V 兆欧表测量电气器件的绝缘电阻不小于 5 MΩ。

15. 信号设备的熔断器、断路器应符合哪些要求?

答:熔断器、断路器安装符合标准,安装牢固、接触良好,起到分级防护作用。容量须符合设计规定,无具体规定的情况下,其容量应为最大负荷电流的 1.5~2 倍。对具有冗余功能的熔断器,当主熔丝断丝时,应能可靠地自动转换到副熔丝,且发出报警。

16. 信号设备的各种箱类、盒类、机构、表示盘以及控制台等设备有哪些要求?

答:各种箱类、盒类、机构、表示盘以及控制台等设备,无裂纹,门、盖严密,孔堵塞(含未使用的电缆、引线孔),盘根作用良好,防尘,防潮,通风,防动物寄生,不进雨、雪,不积水,内部清洁。

第二单元　信号机及信号标志

1. 信号设备基础和机柱的倾斜限度是多少?

答: 各种基础或支持物无影响强度的裂纹,安设稳固,其倾斜限度不得超过 10 mm,测量方法如图 2-2-1(a)所示;高柱信号机机柱的倾斜限度不超过 36 mm,测量方法如图 2-2-1(b)所示。

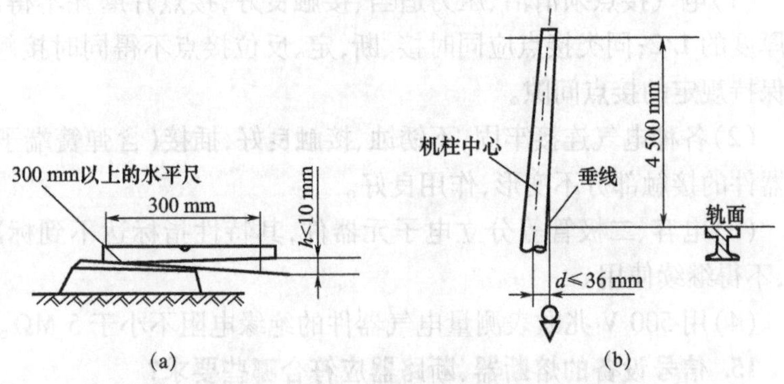

图 2-2-1　信号设备基础和机柱倾斜限度测量方法

2. 信号机按类型分为哪几类?

答: 信号机按类型分为色灯信号机、臂板信号机和机车信号机。臂板信号机因存在较多缺点且难以实现自动化故逐渐淘汰。

3. 什么是色灯信号机? 有哪几种类型?

答: 色灯信号机是用灯光的颜色、数目及亮灯状态表示信号含义的信号机。它具有昼夜显示一致、占用空间小等特点,但需可靠的交流电源。色灯信号机按信号机构的构造又分为探照式、透镜式和组合式、LED 式。

4. 什么是机车信号机?

答:安装于机车驾驶室内给机车驾驶员指示前方运行条件的信号机。

5. 信号机按用途分为哪几类?

答:信号机按用途分为进站、出站、通过、进路、预告、接近、遮断、驼峰、驼峰辅助、复示、调车信号机。

6. 什么是进站信号机?

答:进站信号机是防护车站的信号机,设于区间与车站的分界点,用于指示进站列车的运行条件。如图 2-2-2 所示。

图 2-2-2　进站信号机

其作用有以下三个方面:

(1)防护车站:当车站接车条件不具备时,指示列车不能进入车站。

(2)指示列车运行条件:在车站接车条件具备时,给出相应的信号显示,使司机知道是通过还是正线或侧线停车等。

(3)车站站界：以进站信号机的机柱中心线为车站与区间的分界。

7. 什么是信号表示器?

答:信号表示器是对行车人员传达行车或调车意图的,或对信号进行某些补充说明所用的器具,没有防护意义。

信号表示器分为道岔、脱轨、进路、发车、发车线路、调车及车挡表示器。

8. 各种信号机及表示器,在正常情况下的显示距离是多少?

答:各种信号机及表示器,在正常情况下的显示距离:

(1)进站、通过、接近、遮断信号机,不得小于 1 000 m。

(2)高柱出站、高柱进路信号机,不得小于 800 m。

(3)预告、驼峰、驼峰辅助信号机,不得小于 400 m。

(4)调车、矮型出站、矮型进路、复示信号机,容许、引导信号及各种表示器,不得小于 200 m。

在地形、地物影响视线的地方,进站、通过、接近、预告、遮断信号机的显示距离,在最坏的条件下,不得小于 200 m。

9. 三显示自动闭塞、半自动闭塞、自动站间闭塞区段进站色灯信号机显示哪些信号?

答:三显示自动闭塞、半自动闭塞、自动站间闭塞区段进站色灯信号机显示下列信号:

(1)一个绿色灯光——准许列车按规定速度经正线通过车站,表示出站及进路信号机在开放状态,进路上的道岔均开通直向位置,如图 2-2-3 所示。

(2)一个绿色灯光和一个黄色灯光——准许列车经道岔直向位置,进入站内越过次一架已经开放的信号机准备停车,如图 2-2-4 所示。

图 2-2-3　一个绿色灯光

图 2-2-4　一个绿色灯光和一个黄色灯光

(3)一个黄色灯光——准许列车经道岔直向位置,进入站内正线准备停车,如图 2-2-5 所示。

(4)一个黄色闪光和一个黄色灯光——准许列车经 18 号及以上道岔侧向位置,进入站内越过次一架已经开放的信号机且该信号机防护的进路经道岔直向位置或 18 号及以上道岔侧向位置,如图 2-2-6 所示。

图 2-2-5　一个黄色灯光

图 2-2-6　一个黄色闪光和一个黄色灯光

(5)两个黄色灯光——准许列车经道岔侧向位置(但不满足上述第 4 项条件)进入站内准备停车,如图 2-2-7 所示。

(6)一个红色灯光——不准列车越过该信号机,如图 2-2-8 所示。

图 2-2-7　两个黄色灯光

图 2-2-8　一个红色灯光

10. 四显示自动闭塞区段进站色灯信号机显示哪些信号?

答:四显示自动闭塞区段进站色灯信号机显示下列信号:

(1)一个绿色灯光——准许列车按规定速度经道岔直向位置进入或通过车站,表示运行前方至少有三个闭塞分区空闲,如图 2-2-3所示。

(2)一个绿色灯光和一个黄色灯光——准许列车按规定速度经道岔直向位置进入站内,表示次一架信号机经道岔直向位置开放一个黄灯,如图 2-2-4 所示。

(3)一个黄色灯光——准许列车按限速要求经道岔直向位置进入站内正线准备停车,如图 2-2-5 所示。

(4)一个黄色闪光和一个黄色灯光——准许列车经 18 号及以上道岔侧向位置,进入站内越过次一架已经开放的信号机且该信号机防护的进路经道岔直向位置或 18 号及以上道岔侧向位置,如图 2-2-6 所示。

(5)两个黄色灯光——准许列车按限速要求越过该信号机,经道岔侧向位置(但不满足上述第 4 项条件)进入站内准备停车,如图 2-2-7 所示。

(6)一个红色灯光——不准列车越过该信号机,如图 2-2-8 所示。

11. 什么是出站信号机?

答:出站信号机设于车站正线和到发线上,指示列车能否进入区间。出站信号机的灯位数量及排列方式因区间闭塞制式不同而有变化。

12. 出站信号机显示哪些信号?

答:出站色灯信号机显示下列信号:

(1)半自动闭塞或自动站间闭塞区段

①一个绿色灯光——准许列车由车站出发,如图 2-2-9 所示。

图 2-2-9 一个绿色灯光

②两个绿色灯光——准许列车由车站出发,开往次要线路,如图 2-2-10 所示。

图 2-2-10 两个绿色灯光

③一个红色灯光——不准列车越过该信号机,如图 2-2-11 所示。

图 2-2-11　一个红色灯光

④在兼作调车信号机时,一个月白色灯光——准许越过该信号机调车,如图 2-2-12 所示。

图 2-2-12　一个月白色灯光

(2)三显示自动闭塞区段

①一个绿色灯光——准许列车由车站出发,表示运行前方至少有两个闭塞分区空闲,如图 2-2-13 所示。

图 2-2-13　一个绿色灯光

②一个黄色灯光——准许列车由车站出发，表示运行前方有一个闭塞分区空闲，如图 2-2-14 所示。

图 2-2-14　一个黄色灯光

③两个绿色灯光——准许列车由车站出发，开往半自动闭塞或自动站间闭塞区间，如图 2-2-15 所示。

图 2-2-15　两个绿色灯光

④一个红色灯光——不准列车越过该信号机，如图 2-2-16 所示。

图 2-2-16　一个红色灯光

⑤在兼作调车信号机时，一个月白色灯光——准许越过该信号机调车，如图 2-2-17 所示。

图 2-2-17　一个月白色灯光

(3)四显示自动闭塞区段

①一个绿色灯光——准许列车由车站出发，表示运行前方至少有三个闭塞分区空闲，如图 2-2-18 所示。

图 2-2-18　一个绿色灯光

②一个绿色灯光和一个黄色灯光——准许列车由车站出发，表示运行前方有两个闭塞分区空闲，如图 2-2-19 所示。

图 2-2-19 一个绿色灯光和一个黄色灯光

③一个黄色灯光——准许列车由车站出发，表示运行前方有一个闭塞分区空闲，如图 2-2-20 所示。

图 2-2-20 一个黄色灯光

④两个绿色灯光——准许列车由车站出发，开往半自动闭塞或自动站间闭塞区间，如图 2-2-21 所示。

图 2-2-21　两个绿色灯光

⑤一个红色灯光——不准列车越过该信号机，如图 2-2-22 所示。

图 2-2-22　一个红色灯光

⑥在兼作调车信号机时，一个月白色灯光——准许越过该信号机调车，如图 2-2-23 所示。

图 2-2-23　一个月白色灯光

13. 什么是调车信号机?

答:调车信号机是指示站内各种调车作业及专用线上调车作业的信号机。

14. 调车信号机显示哪些信号?

答:调车色灯信号机显示下列信号:

(1)一个月白色灯光——准许越过该信号机调车,如图 2-2-24 所示。

图 2-2-24　一个月白色灯光

(2)一个月白色闪光灯光——装有平面溜放调车区集中联锁设备时,准许溜放调车,如图 2-2-25 所示。

图 2-2-25　一个月白色闪光灯光

(3)一个蓝色灯光——不准越过该信号机调车,如图 2-2-26 所示。

图 2-2-26　一个蓝色灯光

不办理闭塞的站内岔线，在岔线入口处设置的调车信号机，可用红色灯光代替蓝色灯光，如图 2-2-27(a)所示。

起阻挡列车运行作用的调车信号机，应采用矮型三显示机构，增加红色灯光或用红色灯光代替蓝色灯光，如图 2-2-27(b)、图 2-2-27(c)所示。当该信号机的红色灯光熄灭、显示不明或显示不正确时，应视为列车的停车信号。

(a) 红色灯光代替蓝色灯光

(b) 增加红色灯光（矮型三显示机构）

(c) 红色灯光代替蓝色灯光（矮型三显示机构）

图 2-2-27　调车信号机灯光显示

15. 什么是进路信号机？

答：在有几个车场的车站，为了指示列车由一个车场开往另一个车场，应设进路信号机，进路信号机按用途可分为：

接车进路信号机——对到达列车指示运行条件。

发车进路信号机——对出发列车指示运行条件。

接发车进路信号机——对到达及出发列车指示运行条件。

当同一信号机兼有多种作用时,应称其全名,例如“出站兼接发车进路信号机”。

16. 如何区分接车进路、发车进路、接发车进路信号机?

答:在车场前或引向不同车场的分歧道岔前的信号机为接车进路信号机。

当为纵列式车场时,一个车场的前方衔接另一个车场或线路,则该车场正线上的信号机为接发车进路信号机;其到发线上的信号机为发车进路信号机。

17. 什么是引导信号?

答:进站及接车进路、接发车进路色灯信号机的引导信号显示一个红色灯光及一个月白色灯光——准许列车在该信号机前方不停车,以不超过 20 km/h 速度进站或通过接车进路,并须准备随时停车,如图 2-2-28 所示。

图 2-2-28 一个红色灯光及一个月白色灯光

18. 什么是驼峰信号机?

答:驼峰信号机是指示调车车列能否溜放以及下峰的信号机。设于峰顶平台与加速坡连接处的峰顶线路最高处。对于每条推送线路分别设一架驼峰信号机。

19. 驼峰信号机显示哪些信号?

答:驼峰色灯信号机及其复示信号机显示下列信号:

(1)一个绿色灯光——准许机车车辆按规定速度向驼峰推进,驼峰色灯信号机如图 2-2-29 所示。

(2)一个绿色闪光灯光——指示机车车辆加速向驼峰推进,驼峰色灯信号机如图 2-2-30 所示。

图 2-2-29　一个绿色灯光

图 2-2-30　一个绿色闪光灯光

(3)一个黄色闪光灯光——指示机车车辆减速向驼峰推进,驼峰色灯信号机如图 2-2-31 所示。

(4)一个红色灯光——不准机车车辆越过该信号机或指示机车车辆停止作业,驼峰色灯信号机如图 2-2-32 所示。

图 2-2-31　一个黄色闪光灯光

图 2-2-32　一个红色灯光

(5)一个红色闪光灯光——指示机车车辆自驼峰退回,驼峰色灯信号机如图 2-2-33 所示。

(6)一个月白色灯光——指示机车到峰下,驼峰色灯信号机如

图 2-2-34 所示。

图 2-2-33 一个红色闪光灯光

图 2-2-34 一个月白色灯光

(7)一个月白色闪光灯光——指示机车车辆去禁溜线或迂回线,驼峰色灯信号机如图 2-2-35 所示。

驼峰色灯信号机的复示信号机平时无显示,如图 2-2-36 所示;当办理驼峰推送进路后,其显示方式与驼峰色灯信号机相同。

图 2-2-35 一个月白色闪光灯光

图 2-2-36 无显示

20. 预告与接近信号机设置条件是什么?

答:非自动闭塞区段,进站信号机为色灯信号机时,应设色灯预告信号机或接近信号机。

列车运行速度不超过 120 km/h 的区段,预告信号机与其主体信号机的安装距离不得小于 800 m;当预告信号机的显示距离不足 400 m 时,其安装距离不得小于 1 000 m。

列车运行速度超过 120 km/h 的区段,在第一接近区段和第二接近区段的分界处,应设接近信号机。

21. 预告信号机显示哪些信号?

答:(1)一个绿色灯光——表示主体信号机在开放状态,如图2-2-37(a)所示。

(2)一个黄色灯光——表示主体信号机在关闭状态,如图2-2-37(b)所示。

(a) 一个绿色灯光

(b) 一个黄色灯光

图 2-2-37 预告信号机显示信号

22. 接近信号机显示哪些信号?

答:(1)一个绿色灯光——表示进站信号机开放一个绿色灯光或一个绿色灯光和一个黄色灯光,如图 2-2-38 所示。

(2)一个绿色灯光和一个黄色灯光——表示进站信号机开放一个黄色灯光,如图 2-2-39 所示。

图 2-2-38 一个绿色灯光

图 2-2-39 一个绿色灯光和一个黄色灯光

(3)一个黄色灯光——表示进站信号机在关闭状态,或表示进站信号机显示两个黄色灯光或一个黄色闪光和一个黄色灯光，如图 2-2-40 所示。

图 2-2-40　一个黄色灯光

23. 什么是遮断信号机？显示哪些信号？

答：有人看守道口设遮断信号机；在有人看守的桥隧建（构）筑物及可能危及行车安全的坍方落石地点，根据需要设遮断信号机。该信号机距防护地点不得小于 50 m。

遮断及其预告信号机采用方形背板，并在机柱上涂有黑白相间的斜线，以区别于一般信号机。

遮断色灯信号机显示一个红色灯光——不准列车越过该信号机；不点灯时，不起信号作用，如图 2-2-41 所示。

图 2-2-41　一个红色灯光

24. 什么是通过信号机？

答：通过信号机分为自动闭塞区段的信号机和非自动闭塞区段线路所的通过信号。

自动闭塞区段的通过信号机设于闭塞分区的入口处,防护闭塞分区,指示列车能否进入运行前方的闭塞分区。

非自动闭塞区段线路所的通过信号机,防护所间区间(两线路所之间或线路所与车站之间的区间),用以指示列车能否占用运行前方的所间区间。

25. 自动闭塞区段通过色灯信号机显示哪些信号?

答:(1)三显示自动闭塞区段

①一个绿色灯光——准许列车按规定速度运行,表示运行前方至少有两个闭塞分区空闲,如图 2-2-42 所示。

②一个黄色灯光——要求列车注意运行,表示运行前方有一个闭塞分区空闲,如图 2-2-43 所示。

图 2-2-42　一个绿色灯光

图 2-2-43　一个黄色灯光

③一个红色灯光——列车应在该信号机前停车,如图 2-2-44 所示。

图 2-2-44　一个红色灯光

（2）四显示自动闭塞区段

①一个绿色灯光——准许列车按规定速度运行，表示运行前方至少有三个闭塞分区空闲，如图 2-2-45 所示。

②一个绿色灯光和一个黄色灯光——准许列车按规定速度运行，要求注意准备减速，表示运行前方有两个闭塞分区空闲，如图 2-2-46 所示。

图 2-2-45　一个绿色灯光

图 2-2-46　一个绿色灯光和一个黄色灯光

③一个黄色灯光——要求列车减速运行，按规定限速要求越过该信号机，表示运行前方有一个闭塞分区空闲，如图 2-2-47 所示。

④一个红色灯光——列车应在该信号机前停车，如图 2-2-48 所示。

图 2-2-47　一个黄色灯光

图 2-2-48　一个红色灯光

26. 什么是复示信号机?

答:复示信号机的作用是复示主体信号机的显示。进站、出站、进路信号机及线路所的通过信号机,因受地形、地物影响,达不到规定的显示距离时,在信号机前方适当地点应装设复示信号机。

复示信号机均采用方形背板,以示区别。除进站信号机采用灯列式结构外,其余均为单机构、单显示。

27. 什么是进路表示器?

答:进路表示器设在出站信号机和发车进路兼出站信号机上,用以指示发车进路开通方向。进路表示器根据发车方向不同,表示器的数目也不同。外形如图 2-2-49 圈内。

图 2-2-49　进路表示器外形(圈内)

28. 什么是发车表示器?

答:发车表示器用来反映列车出发时的发车信号。发车表示器只设在发车信号辨认困难的车站。

发车表示器常态不显示;显示一个白色灯光——表示车站人员准许发车。

外形如图 2-2-50 所示。

图 2-2-50　发车表示器外形

29. 什么是发车线路表示器?

答:发车线路表示器在调车场的编发线上,设线群出站信号机时,用于补充说明是哪条线路发车。

发车线路表示器在线群出站信号机开放后显示一个白色灯光——准许该线路上的列车发车,如图 2-2-51 所示。

图 2-2-51　一个白色灯光

不许发车的线路,所属该线路的发车线路表示器不能点亮。

发车线路表示器可用于驼峰调车场,作为调车线路表示器,显示一个白色灯光——准许调车。

30. 什么是调车表示器?

答:在作业繁忙的调车场上,因受地形、地物影响,调车司机看不清调车指挥人员的手信号时,应设调车表示器。它设于牵出线的一侧,用以指挥调车车列由牵出线向调车区或调车区向牵出线的进退,以代替调车员的手信号。

(1)向调车区方向显示一个白色灯光——准许机车车辆自调车区向牵出线运行,如图 2-2-52 所示。

(2)向牵出线方向显示一个白色灯光——准许机车车辆自牵出线向调车区运行,如图 2-2-53 所示。

(3)向牵出线方向显示两个白色灯光——准许机车车辆自牵出线向调车区溜放,如图 2-2-54 所示。

图 2-2-52　向调车区方向显示一个白色灯光

图 2-2-53　向牵出线方向显示一个白色灯光

图 2-2-54　向牵出线方向显示两个白色灯光

31. 什么是道岔表示器?

答:道岔表示器设于非集中操纵道岔旁边,用来反映道岔开通位置。

道岔表示器的显示方式如下:

(1)昼间无显示;夜间为紫色灯光——表示道岔位置开通直向,如图 2-2-55 所示。

图 2-2-55　道岔位置开通直向

(2)昼间为中央划有一条鱼尾形黑线的黄色鱼尾形牌;夜间为黄色灯光——表示道岔位置开通侧向,如图 2-2-56 所示。

图 2-2-56　道岔位置开通侧向

(3)在调车区为集中联锁时,进行连续溜放作业的分歧道岔应有道岔表示器,平时无显示,当进行溜放作业时,其显示方式如下:

①紫色灯光——表示道岔开通直向,如图 2-2-57(a)所示。

②黄色灯光——表示道岔开通侧向,如图 2-2-57(b)所示。

(a) 道岔开通直向

(b) 道岔开通侧向

图 2-2-57 道岔表示器溜放作业显示方式

32. 什么是脱轨表示器?

答:脱轨表示器是指和脱轨器一起设置的显示脱轨器状态的一种信号显示器。

(1)带白边的红色长方牌及红色灯光——表示线路在遮断状态,如图 2-2-58 所示。

(2)带白边的绿色圆牌及月白色灯光——表示线路在开通状态,如图 2-2-59 所示。

图 2-2-58 线路在遮断状态

图 2-2-59 线路在开通状态

33. 什么是车挡表示器？

答：车挡表示器设置在线路终端的车挡上，昼间一个红色方牌；夜间显示一个红色灯光，如图 2-2-60 所示。

图 2-2-60　昼间一个红色方牌，夜间显示一个红色灯光

安全线及避难线可不设置车挡表示器。

34. 进站信号机如何编号？

答：进站信号机是按列车运行方向命名。上行用 S 表示，下行用 X 表示。若在车站一端有多个方向的线路接入，则在 S 或 X 的右下角加上该信号机所属线路名的中文拼音字头，如东郊方面的下行进站信号机为 X_D。

35. 出站信号机如何编号？

答：出站信号机按列车运行方向编号，上行用 S 表示，下行用 X 表示，在名称的右下角加股道号，如 S_{I}、X_3 等。

36. 接车进路信号机如何编号？

答：接车进路信号机按列车运行方向编号，上行用 SL 表示，下行用 XL 表示。当有并置或连续布置的接车进路信号机，则在其右下角加顺序号，如 SL_2、SL_4、XL_1、XL_3 等（上行用双数，下行用单数）。

37. 调车信号机如何编号？

答：调车信号机以 D 表示，在其右下角缀以顺序号。从列车正向运行时到达方向顺序编号，上行咽喉用双数，下行咽喉用单数。如 D_1、D_3、D_2、D_4 等。若有数个车场时，则每个车场所属的调车信号机均用百位数字表示，以百位数表示车场，如Ⅰ场的下行第一架调车信号机编为 D_{101}。

38. 预告、接近信号机如何编号？

答：预告信号机第一个字母为Y，后面缀以主体信号机的编号，如YXD。接近信号机的编号第一个字母为J，后面缀以主体信号机的编号，如JX。

39. 复示信号机如何编号？

答：复示信号机的编号，第一个字母是F，尾码以主体信号机的编号，如进站复示信号机FX，上行Ⅱ道出站复示信号机 FS_{II}。

40. 通过信号机如何编号？

答：自动闭塞区段的通过信号机是以所在地点坐标的公里数和百米数为编号，且下行编为单数，上行编为双数。

41. 信号机的机构与灯光颜色有何要求？

答：同一机柱上的色灯信号机构，其安装位置应保证各灯显示方向一致；两个同色灯光的颜色应一致。

42. 信号机的安设应符合哪些要求？

答：信号机的安设应符合下列要求：

(1)水泥信号机柱不得有裂通圆周的裂纹，裂纹超过半周的应采取加固措施；纵向裂纹，钢筋不得外露。机柱顶端须封闭，不进雨雪。

(2)水泥信号机柱的埋设深度为柱长的20%，但不得大于2 m。卡盘的埋深应符合安装标准和设计要求。机柱周围应夯实。

(3)设在路堤边坡的信号机，如有影响信号机稳固的因素时，应以砌石或围桩加固。当用片石、水泥砂浆砌围时，砌围边缘距信号机柱边缘不小于 800 mm。

(4)信号机梯子中心线与机柱中心线应一致,梯子无过甚弯曲,支架应水平安装。

43. 透镜式色灯信号机有哪几类? 分别用于何处?

答:透镜式色灯信号机的信号透镜主要有三类,分别为直径 139 mm 的外梯有色透镜(分别为红、黄、绿、蓝、白);直径 163 mm 和 212 mm 的内梯无色透镜。

其中,139 与 212 组合,用于高柱信号机。139 与 163 组合,用于矮型信号机。

44. 更换信号灯泡时应注意哪些事项?

答:(1)要在办理好上道及要点手续后方可更换。

(2)更换信号灯泡前要先检查新灯泡外观完好,并将灯泡编号及更换日期填记在记录卡片上。

(3)更换后,要测试灯端电压,并进行主副丝转换报警试验。

45. 信号灯泡使用要求有哪些?

答:信号灯泡符合下列要求时,方准使用:

(1)检验灯丝达到标准。

(2)在额定电压和额定功率条件下,主灯丝经过 2 h,副灯丝经过 1 h 的点灯试验良好。

(3)灯泡主灯丝和副灯丝呈直线且平行,主灯丝在下,副灯丝在上。

(4)灯头两顶锡高度一致,并应饱满光洁。

46. 四显示机车信号接通标与断开标的样式与作用是什么?

答:四显示机车信号接通标(机车信号接通标):涂有白底色、黑竖线、黑框的反光菱形板及黑白相间的立柱标志,如图 2-2-61 所示。

表示此标志之后有机车信号。

四显示机车信号断开标：涂有白底色、中间断开的黑横线、黑框的反光菱形板及黑白相间的立柱标志，如图 2-2-62 所示。

表示此标志之后没有机车信号。

图 2-2-61　四显示机车信号接通标

图 2-2-62　四显示机车信号断开标

47. 轨道电路调谐区标志样式与作用是什么？

答：轨道电路调谐区标志：

Ⅰ型为反方向区间停车位置标，涂有白底色、黑框、黑“停”字、斜红道，标明调谐区长度的反光菱形板标志，如图 2-2-63 所示。

Ⅱ型为反方向行车困难区段的容许信号标，涂有黄底色、黑框、黑“停”字、斜红道，标明调谐区长度的反光菱形板标志，如图 2-2-64 所示。

图 2-2-63　Ⅰ型调谐区标志

图 2-2-64　Ⅱ型调谐区标志

Ⅲ型用于反方向运行合并轨道区段之间的调谐区或因轨道电路超过允许长度而设立分隔点的调谐区，为涂有蓝底色、白“停”字、斜红道，标明调谐区长度的反光菱形板标志，如图 2-2-65 所示。

图 2-2-65　Ⅲ型调谐区标志

以上三种调谐区标志均使用黑白相间的立柱。

48. 级间转换标的样式与作用是什么？

答：级间转换标：在 CTCS-0/CTCS-2 级转换边界一定距离前方的级间转换应答器组对应的线路左侧设级间转换标志。该标志采用涂有白底色、黑框、写有黑“C0”、“C2”标记的反光菱形板及黑白相间的立柱，如图 2-2-66 所示。

图 2-2-66　级间转换标

49. 信号标志共同要求有哪些?

答:(1)轨道电路调谐区标志、四显示机车信号接通标、四显示机车信号断开标、极间转换标等信号标志,应设在其内侧距线路中心不小于3.1 m处,标牌面与线路垂直。

(2)四显示机车信号接通标、四显示机车信号断开标、极间转换标等应设在列车运行方向左侧。

(3)各种信号标志达不到使用要求的应予更换。

第三单元　道岔转换与锁闭设备

1. 转辙机如何分类?

答:按动作能源和传动方式分类,转辙机可分为电动转辙机、电液转辙机和电空转辙机;

按供电电源分类,转辙机可分为直流转辙机和交流转辙机;

按动作速度分类,转辙机可分为普通动作转辙机和快速动作转辙机;

按锁闭道岔的方式分类,转辙机可分为内锁闭转辙机和外锁闭转辙机;

按是否可挤道岔分类,转辙机可分为可挤型转辙机和不可挤型转辙机。

2. 什么是联动道岔?

答:联动道岔是指由多台转辙机牵引,定位时一起定位,反位时一起反位的道岔。

3. 什么是防护道岔?

答:为了防止车辆冲突,有时需要将不在所排进路上的道岔置于防护位置并予以锁闭,这种道岔称为防护道。

4. 什么是带动道岔?

答:为了满足平行作业的需要,排列进路时,还需把某些不在进路上的道岔带动到规定位置,并对其实行锁闭。这种道岔称为带动道岔。

5. 什么是转辙机的正装和反装?

答:在现场转辙机可根据需要安装。一般分为正装(右伸)和反装(左伸)。站在电机侧,转辙机的动作杆向右侧伸出连接道岔尖轨的称为正装,反之向左伸出连接尖轨的称为反装。

6. 什么是转辙机的动作杆?

答:动作杆是转辙机转换道岔的最后执行部件。动作杆与道岔的密贴调整杆相连接,带动尖轨运动。

7. 什么是转辙机的表示杆?

答:转辙机的表示杆与道岔的表示连接杆相连,随道岔动作,用来检查尖轨是否密贴。

8. 什么是内锁闭?

答:内锁闭是转辙机转换道岔后,在转辙机内部对动作杆进行锁闭,再经过动作杆和外部杆件对道岔实现位置固定。

9. 什么是外锁闭?

答:当转辙机带动道岔转换至规定位置后,通过道岔本身所依附的锁闭装置,直接把尖轨与基本轨或心轨与翼轨密贴夹紧并固定,称为道岔的外锁闭。即道岔的锁闭主要不是依靠转辙机内部的锁闭装置,而是依靠转辙机外部的锁闭装置实现的。

10. 外锁闭装置完成一次转换包括几种状态?

答:外锁闭装置完成一次转换包括解锁、转换、锁闭三个状态。

11. 分动道岔钩型外锁闭装置的组成有哪些?

答:钩型外锁闭装置由锁闭杆、锁钩、尖轨连接铁、锁闭铁、锁闭框五部分组成。

12. 锁闭框主要由哪几部分组成?

答:锁闭框主要由锁闭框、锁闭铁、调整片和锁闭杆导向销组成。

13. 钩型外锁闭装置的特点有哪些?

答:钩型外锁闭装置的优点主要体现在以下几个方面:

(1)锁闭结构的强度高,使用安全性能大为提高。

(2)钩型外锁闭装置受力结构合理,能有效地适应道岔尖轨的拱腰、翻背和吊板等不良状态,锁闭可靠。

(3)锁闭框采用新型结构,提高了产品的品质和可靠性。

(4)外锁闭装置安装、调整方便,且尖轨的密贴调整不影响道岔开口。

(5)尖轨连接铁的设计能更好地适应道岔尖轨的爬行,特别是大号码长尖轨道岔。

14. 外锁闭装置的限位块与锁闭框的间隙应满足什么要求?

答:装有电动(液)转辙机的分动外锁闭装置,在道岔开口符合要求时限位块与锁闭框间隙不大于3 mm。

15. 道岔与轨道电路之间的联锁关系试验有哪些?

答:(1)将该道岔区段轨道电路分路时,操纵道岔,道岔不应转动(双动及多动道岔,当其中有一动所在轨道区段红光带时,道岔不应转动)。

(2)经过该道岔区段排列了进路,即出现白光带时,操纵道岔,道岔不应转动。

(3)操纵道岔时,道岔已经动作后,分路该轨道区段,转辙机应能继续转换到底。

16. 道岔的密贴调整杆动作时的空动距离是如何规定的?

答:密贴调整杆动作时的空动距离不少于5 mm。

17. 各种类型的转辙机、转换锁闭器或道岔表示及密贴检查装置应符合哪些要求?

答:各种类型的转辙机、转换锁闭器或道岔表示及密贴检查装置应符合下列要求:

(1)能可靠地转换道岔。在尖轨与基本轨密贴后,将道岔锁闭在规定位置,并给出道岔位置的表示。

(2)正常转换道岔时,挤切销、挤脱器或保持联结装置应保证不发生挤切或挤脱。当道岔被挤时,同一组道岔上的转辙机(采用不可挤型转辙机时除外)或转换锁闭器、密贴检查装置的表示接点必须断开。

(3)安全接点应接触良好。在插入手摇把或钥匙时,安全接点应可靠断开,非经人工恢复不得接通电路。

(4)齿轮装置的各齿轮啮合良好,传动不磨卡,无过大噪声。

(5)各种类型的电液转辙机的油路系统不得出现渗漏和堵塞现象。

(6)整机密封性能良好,能有效防水、防尘。手摇把孔和钥匙孔处不漏水,不进尘土,机内无积水、粉尘及杂物。各种零部件无锈蚀。

(7)机内配线的接线片和接线端子的螺母无松脱、虚接和滑扣现象,配线的绝缘层无损伤。

18. 联锁道岔转换设备的安装应符合哪些要求?

答:联锁道岔转换设备的安装应方正,并符合下列要求:

(1)道岔转换设备应与单开道岔直股基本轨或直股延长线、双开对称道岔股道中心线相平行。各种类型转辙机及转换锁闭器外壳所属线路侧面的两端与基本轨或中心线垂直距离的偏差:内锁闭道岔不大于10 mm;外锁闭道岔不大于5 mm。

(2)各种类型的道岔杆件均应与单开道岔直股基本轨或直股延长线、双开对称道岔股道中心线相垂直。各杆件的两端与基本轨或中心线的垂直偏差:内锁闭道岔的密贴调整杆、表示杆、尖端杆不应大于20 mm;分动外锁闭道岔各牵引点的锁闭杆、表示杆不应大于10 mm。

(3)道岔的密贴调整杆、表示杆、尖端杆、拉杆及外锁闭装置的锁闭杆、表示杆,其水平方向的两端高低偏差不应大于5 mm(以两基本轨工作面为基准)。

(4)连接轨枕的托板与两基本轨轨顶面的延长线平行,托板两端及两托板的高低偏差不应大于 5 mm。

(5)道岔转换设备的锁闭及安装装置必须有足够的强度和刚度。安装装置宜有减振措施并采用防松螺栓、螺母;60 kg/m 及其以上钢轨的道岔采用角钢安装时,其转辙设备安装装置应采用 125 mm×80 mm×12 mm 的角钢。

19. 各种道岔杆件及螺扣应符合哪些要求?

答:各种道岔杆件及螺扣等应符合下列要求:

(1)密贴调整杆、各种动作拉杆及表示连接杆的螺纹牙形均应符合标准,且具有足够的强度。密贴调整杆的螺母应有防松措施。

(2)严禁采用焊接工艺接长各种道岔杆件和安装角钢等。带有弯度的杆件,其弯角不大于 30°,弯高不大于 100 mm。

(3)道岔转换设备的各种杆件及导管等螺纹部分的内、外调整余量不应小于 10 mm。表示杆的销孔旷量应不大于 0.5 mm;其余部位的销孔旷量应不大于 1 mm。

20. ZD6 电动转辙机的用途是什么?

答:ZD6 电动转辙机的用途是将电能转变为机械能后转换道岔,改变道岔的开通位置,在尖轨与基本轨密贴后,将道岔锁闭在规定的位置,并给出反映尖轨位置状态的表示。

21. ZD6 电动转辙机主要由哪些部分构成?

答:ZD6 型电动转辙机主要由电动机、减速器及摩擦联结器、自动开闭器、主轴、动作杆、表示杆(或锁闭杆)、移位接触器、底壳、机盖九大部分组成。

22. ZD6 电动转辙机移位接触器的作用是什么?

答:移位接触器是一个主挤切销的监督装置,它的接点串联在表示电路中,当主挤切销折断时用于切断表示电路。当动作杆与齿条块发生位移时,齿条块内的顶杆上升,使移位接触器接点断开,切断表示电路,并且不经人工恢复不能接通表示电路。移位接触器上有一按钮用于排除故障后人工恢复表示电路。

23. ZD6 电动转辙机的机械解锁、转换、锁闭过程是什么?

答:当电动机中通入规定方向的道岔控制电流,电动机开始旋转。电动机轴上的小齿轮通过与其配对的大齿轮将动力及运动方向传递给减速器,减速器输出轴通过启动片上的正反两面十字形接头带动主轴同方向转动。则锁闭齿轮随主轴同方向旋转,锁闭齿轮启动齿与齿条块启动齿开始啮合后带动齿条块运动,动作杆由于与齿条块通过挤切销相连接,故动作杆也同向移动。锁闭齿轮与齿条块的啮合传动过程中就完成了机械的解锁及转换,道岔转换到位以后,动作杆、齿条块停止移动,锁闭齿轮继续转动,直至其锁闭圆弧与齿条块上的削尖齿圆弧重合,至此才完成机械的锁闭,将道岔锁闭在新的位置。

24. ZD6 道岔密贴的调整过程是什么?

答:(1)将道岔操纵到定位或反位,调整密贴调整杆的调整螺母,密贴过紧时将螺母调出,密贴不足时将螺母调入,将尖轨调整与基本轨密贴,并锁紧相应螺母。

(2)用试验板试验,达到 4 mm 不锁闭,2 mm 锁闭的标准。

(3)将道岔操纵到另一位置,重复以上过程。

25. ZD6 道岔表示的调整过程是什么?

答:(1)将道岔定、反位的密贴调整好。

(2)将道岔操纵到表示杆伸出的位置。

(3)调整尖端杆的表示调整螺母,使缺口达到(1.5±0.5)mm 的标准,并锁紧螺母。

(4)将道岔操纵到表示杆拉入的位置。

(5)松开表示杆横穿螺丝栓,调整表示杆副杆,使缺口达到(1.5±0.5) mm 的标准,锁紧横穿螺丝。

26. ZD6 电动转辙机有哪些注油点？怎样注油？

答：(1)减速器，在其外壳上方有一螺栓，拧开后从孔中注入。

(2)表示杆方孔衬套(机壳两侧共有两个)，在其上方有一螺栓，拧开后从孔中注入。

(3)动作杆圆孔衬套(机壳两侧共有两个)，在其上方有一螺栓，拧开后从孔中注入。

(4)齿条块、削尖齿、锁闭圆弧，直接注油。

(5)自动开闭器、速动爪和速动片各部拐轴及连接部分，需注钟表油。

27. ZD6 电动转辙机的摩擦电流变化与哪些因素有关？

答：(1)减速器内部油质不良受环境温度的影响，冷天油质凝固，摩擦电流大，热天油质变稀，摩擦电流小。

(2)摩擦带浸油，摩擦电流减小。

(3)摩擦带的铆钉高出摩擦带，使摩擦带不起作用，摩擦电流减小。

(4)摩擦带不平，摩擦面积小，造成摩擦力下降，摩擦电流减小。

(5)减速器内齿轮外缘与外壳的间隙过小、缺油或冷缩等情况，摩擦电流增大。

(6)摩擦弹簧的支撑垫与夹板接触相碰，造成摩擦力定、反位不平衡。

(7)电动机特性不良，电动机动作电流的变化直接影响摩擦电流。

28. 如何更换 ZD6 道岔安装装置？

答：室外施工人员接到给点通知后，打开遮断器，卸掉所换角钢的连接螺栓，拆掉旧角钢，换上新角钢，将连接螺栓装上并紧固。装与角形铁(“L”铁)螺栓时，注意将绝缘上全，取掉转辙机底部所垫物品，合上遮断器，扳动试验良好，通知室内更换完毕，销点。

29. 如何更换ZD6电动转辙机？

答：(1)由室内防护人员向车站值班员要点。给点后，将室内启动保险和表示保险断开，并拉出单操按钮，锁闭道岔，通知室外开始更换。

(2)室外人员接到通知后，打开遮断器，卸掉转辙机基础螺栓、动作杆、表示杆连接销子、螺丝，拆开电气连接插件或端子螺丝等。

(3)抬下旧转辙机，换上新转辙机，装上各部连接螺栓、销子、开口销。插上电气插件或按图配线。

(4)检查、调整道岔密贴、表示缺口。

(5)进行联锁试验，良好后通知室内人员销点。

30. 更换ZD6电动转辙机后进行哪些试验？

答：(1)核对道岔位置。

(2)断表示接点试验。

(3)断移位接触器接点试验。

(4)断启动接点试验。

(5)断安全接点试验。

(6)试验4 mm不锁闭。

(7)测试动作电流与摩擦电流。

31. ZY型电液转辙机的特点是什么？

答：ZY型电液转辙机的特点是：电机提供动力，油压传动，机械转换和锁闭。与其他电动转辙机相比是改机械齿轮传动为液压传动。液压传动具有力矩大、传动动作平稳、均匀、易于控制往返运动、机械磨耗小等优点。但处理不好也存在一些问题：易泄露；工作介质(液压油)的黏度随温度变化，进而影响传动速度；工作时若掺入气体，会产生气泡和杂音。

32. ZY 型电液转辙机溢流阀的作用是什么?

答:溢流阀的作用是:通过调整弹簧弹力,保证油路中液压油的压力不超过一定的限值,以防止道岔转换受阻时,油路中压力不断升高而损坏各部液压件;当道岔转换到位而电机仍没停转时,溢流阀打开使高压油释放压力,经回油管回油箱。

33. ZY 型电液转辙机各杆件穿越轨底的净距离是如何规定的?

答:穿越轨底的各种杆件,距轨底的净距离应大于 10 mm。

34. ZY 型电液转辙机油管防护要求是什么?

答:胶管总成外露部分及与槽钢进出口处防护设施齐全,转角处弯曲半径不应小于 150 mm,进出口端应留有足够余量以避免列车振动受力,防护管槽固定牢固。胶管总成外层橡胶无较大龟裂。

35. ZY 型电液转辙机是如何完成道岔尖轨密贴检查的?

答:转辙机处于拉入位置时,锁闭检查柱与内表示杆的主锁闭杆缺口对应,只有缺口对准,锁闭检查柱方可落入检查口。用此来检查道岔在定位(或反位)时的尖轨密贴状态,并通过拐臂带动接点组构成表示电路。转辙机在伸出位置时,锁闭检查柱与副锁闭杆缺口对应,即检查了道岔反位(或定位)尖轨的密贴状态。

36. ZY4 电液转辙机由哪几部分构成?

答:ZY4 电动转辙机由液压站、转辙机、SH5 型转换锁闭器三大部分组成。

37. ZY4 电液转辙机液压站的组成有哪些?

答:液压站由电机、油泵、联轴器、单向阀、溢流阀、油箱组成。

38. ZY4 电液转辙机液压站电机的作用是什么?

答:电机是将电能转换为机械能。电机额定电压 160 V,额定电流 2 A,线圈静态电阻为 17 Ω。

39. ZY4 电液转辙机液压站油泵的作用是什么?

答:油泵是将机械能传给液体形成液压能。

40. ZY4 电液转辙机液压站单向阀的作用是什么?

答:单向阀允许液压油单方面通过。

41. ZY4 电液转辙机油缸的作用是什么?

答:油缸将液体的压力能转换为机械能,输出到工作机构上。

42. ZY4 电液转辙机主机开程是多少? 副机开程是多少?

答:9 号道岔尖轨第一牵引点 160 mm±5 mm,第二牵引点 75 mm±5 mm,12 号道岔第一牵引点 180 mm±5 mm,第二牵引点 80 mm±5 mm;定反位开程偏差不大于 2 mm。定反位开程偏差大于 2 mm 时,在方钢"丁字铁"处加减调整片调整。

43. ZY4 型电液转辙机动作杆与圆孔套、表示(锁闭)杆与方孔套间隙是如何规定的?

答:电液系列转辙机(含 SH 转换锁闭器)动作杆与圆孔套、表示(锁闭)杆与方孔套间隙不应大于 1 mm。

44. ZY4 型电液转辙机尖轨与基本轨的密贴力是如何规定的?

答:内锁闭道岔第一牵引点尖轨与基本轨之间应有 1 000 N 密贴力。

45. 影响 ZY4 电液转辙机正常动作的外界因素有哪些?

答:机内油缸处有无卡阻,动作杆、尖轨、滑床板处有无严重磨卡,动作杆有无别劲,表示杆是否被卡死;基本轨是否肥边过大抱死尖轨,尖轨底部有无障碍物、吊板等因素。

46. ZYJ7 型电液转辙机主要由哪两部分组成?

答:ZYJ7 型电液转辙机主要由 ZYJ7 型电液转辙机主机(用于第一牵引点)和 SH6 型转换锁闭器(亦称副机,用于第二、第三牵引点)组成,主机与副机共用一套动力系统,两者之间靠油管连接传输动力。

47. ZYJ7型电液转辙机主机主要由哪几部分组成？

答：ZYJ7型电液转辙机主机主要由动力机构、转换锁闭机构、表示锁闭机构等组成。

48. ZYJ7型电液转辙机转换锁闭机构的组成及作用是什么？

答：转换锁闭机构由油缸、推板、动作杆、锁块、销轴、加强板及锁闭铁等组成，其主要作用是转换并锁闭尖轨在密贴位置。

49. ZYJ7型电液转辙机表示锁闭机构的组成及作用是什么？

答：表示锁闭机构由接点组、锁闭杆等组成，其主要作用是正确反映尖轨状态并锁闭尖轨在终端位置。

50. ZYJ7型电液转辙机遮断器的作用是什么？

答：遮断器的作用是在手摇电机转换道岔时，切断电机启动电源，之后才能插入手摇把，且非经人工恢复不得接通电机启动电路。

51. ZYJ7转辙机表示锁闭机构的动作原理是什么？

答：当油缸动作时，动作板的斜面推动接点组转换，断开原表示接点。当尖轨密贴于基本轨后，油缸继续向前移动接近锁闭后，接点组的启动片在接点组拉簧的动作下快速掉入动作板上速动片圆弧内，快速切断电源，接通反位表示，同时锁闭柱插入锁闭杆缺口内，锁闭尖轨。

52. ZYJ7道岔外锁闭试验应符合什么要求？

答：锁闭试验时，夹2 mm垫片锁闭，4 mm垫片不锁闭。

53. ZYJ7外锁闭道岔转换系统动作全过程是什么？

答：电机动作→油缸动作切断原表示→解锁动作杆→动作杆移动→斥离轨动作→外锁闭解锁→密贴轨移动→道岔同步转换原斥离轨密贴→原密贴轨动作→锁闭原斥离轨→转辙机动作杆锁闭→锁闭杆（表示杆）锁闭接通新的表示。

54. S700K 型电动转辙机主要由哪几部分组成?

答:S700K 型电动转辙机主要由外壳、动力传动机构、检测和锁闭机构、安全装置、配线界面五大部分组成。

55. S700K 型电动转辙机动力传动机构主要由什么组成?

答:动力传动机构主要由三相交流电动机、齿轮组、摩擦联结器、滚珠丝杠、保持联结器、动作杆等组成。

56. S700K 型电动转辙机检测和锁闭机构主要由什么组成?

答:检测和锁闭机构主要由检测杆、叉形接头、速动开关组、锁闭块和锁舌、指示标等部分组成。

57. S700K 型电动转辙机齿轮组主要由什么组成?

答:齿轮组由摇把齿轮、电动机齿轮、中间齿轮及摩擦连接器齿轮组成。

58. S700K 型电动转辙机齿轮组的作用是什么?

答:其中摇把齿轮与电动机齿轮是一个传递系统,使得能用摇把对转辙机进行人工操作。电动机齿轮、中间齿轮、摩擦联结器齿轮是一个传递系统,将电动机的旋转驱动力传到摩擦联结器上,并将电动机的高速旋转降速,以增大驱动力。

59. S700K 型电动转辙机摩擦联结器的结构以及动作原理是什么?

答:摩擦联结器将齿轮组变速后的旋转力传递给滚珠丝杆。摩擦联结器内有三对主、被金属摩擦片,分别固定在外壳和滚珠丝杆上。摩擦片的端面有若干压力弹簧,通过调整弹簧压力,可以使主、被摩擦片之间的摩擦结合力大小发生变化,实现了电动机和传动机构之间的软连接。

60. S700K 型电动转辙机滚珠丝杠的结构以及动作原理是什么?

答:滚珠丝杠相当于一个直径 32 mm 的螺栓和螺母。当滚珠丝杠正向或反向旋转一周时，螺母向前或向后一个螺距。其作用是将电动机的旋转运动变成螺母的直线运行；另一方面起到减速作用，减速比取决于丝杠的螺距。

61. S700K 型电动转辙保持联结器的结构以及动作原理是什么？

答：保持联结器是转辙机的挤脱装置，利用弹簧的压力通过槽口式结构将滚珠丝杆与动作杆连接在一起。当道岔的挤岔力超过弹簧压力时，动作杆滑脱，起到整机不被损坏的保护作用。

对于不可挤脱型转辙机，可放置一个止挡环，用于阻止与动作杆相连的保持栓的移动。

62. S700K 型电动转辙机检测杆的结构及动作原理是什么？

答：检测杆随尖轨或心轨转换而移动，用来监督道岔在终端位置时的状态。上层检测杆用来监督拉入密贴的尖轨或者心轨拉入时的工作状态，下层检测杆用于监督伸出密贴的尖轨或者心轨伸出时的工作状态。

63. SH6 型转换锁闭器主要由哪些部分组成？

答：SH6 型转换锁闭器主要由转换锁闭机构、挤脱和表示机构等组成。

64. SH6 型转换锁闭器转换锁闭机构的组成及作用是什么？

答：转换锁闭机构由油缸、推板、动作杆、锁块、销轴、加强板及锁闭铁等组成，其主要作用是转换并锁闭尖轨在密贴位置。

65. SH6 型转换锁闭器挤脱机构的组成及作用是什么？

答：挤脱机构主要由挤脱座、压力弹簧等组成。挤脱器与锁闭铁经弹簧定力机构与机壳连在一起，当道岔被挤时，锁闭铁位移，转换接点组断开表示电路，及时给出挤岔表示。

66. SH6 型转换锁闭器挤脱表示机构的动作原理是什么？

答：当电液转辙机处于锁闭位时，若油缸不动，尖轨带动动作杆和表示杆移动时，动作杆通过锁块推动锁闭铁一起移动，锁闭铁顶起挤脱块，同时表示杆斜面推动检查柱向上移动，从而断开表示接点，实现挤脱断表示功能。

67. SH6型转换锁闭器表示机构的组成及作用是什么？

答：表示机构由接点组、表示杆等组成，其主要作用是正确反映尖轨状态并兼具挤岔状态表示的功能。

68. SH5型转换锁闭器由哪些部分组成？

答：SH5安装于道岔的第二牵引点，与ZY4型转辙机大体相同，不同之处是锁闭铁与壳体不直接相连，而是通过挤脱器间接相连。

69. SH5型转换锁闭器挤脱器由哪些部分组成？

答：挤脱器由挤脱座、锁闭铁、碟簧、挤脱块、调整螺母组成。

70. SH5型转换锁闭器挤脱器的作用是什么？

答：当道岔被挤时，由于尖轨受力较大，强迫动作杆移动，此时碟簧压力已压不住锁闭铁，使动作杆通过锁块带动锁闭铁一起移动。与此同时，表示杆也移动，通过缺口斜面将检查柱顶起，使自动开闭器接点断开，从而切断表示电路。

71. 密贴检查器的用途是什么？

答：密贴检查器用于检查尖轨和基本轨的密贴状态，也可以用于道岔挤岔时切断表示。

72. 道岔密贴检查装置应符合哪些要求？

答：道岔密贴检查装置应安装牢固并满足下列要求：

(1)外观良好，机内清洁，锁装置作用良好。

(2)运动部件和表示杆应动作灵活，运动部件及螺纹部分应清洁、润滑。

(3)各开关组接通断开良好，连接线连接牢固可靠，各部绝缘不破损且绝缘良好。

(4)道岔转换时,表示连接杆应运动平顺,接头等零件应旋转灵活,不别卡和阻碍道岔转换。

(5)密贴检查器动作时,表示杆的阻力(水准操作力)不应大于300 N。

73. 在什么情况下密贴检查器不得接通道岔表示?

答:在密贴检查处,尖轨与基本轨之间的间隙大于或等于规定值时,安装于两牵引点之间的密贴检查器不得接通道岔表示。

74. JM 型密贴检查器应满足哪些要求?

答:JM 型密贴检查器应满足下列要求:

(1)每台密贴检查器应设有两组表示接点和两组斥离接点。

(2)密贴检查器动接点环打入静接点片的深度不应小于4 mm。

(3)密贴检查器各接点片的接点压力应在6~12 N之间。

(4)滚轮在表示杆缺口中平面或上平面滚动时,启动片离开表示杆的平面应为0.3~0.8 mm。

(5)密贴检查缺口1.5~10 mm可调。

75. JM 型密贴检查器如何调整?

答:调整表示接点时,调节接头连杆组上的有扣和无扣螺母,改变表示杆接头在螺杆上的位置,使刻度线向内离开移位标外侧边缘4 mm即可。也可以通过观察机内刻线,使压板右侧刻线离开压板右侧边4 mm。或者通过在尖轨和基本轨间加入4 mm的垫板,调整表示杆接头在螺杆上的位置,使表示接点接通,再将表示杆接头的位置固定。

76. 道岔融雪设备由哪些部分组成?

答:道岔融雪设备由电气控制柜、隔离变压器、电加热元件、环境检测装置、连接线缆等组成。融雪设备应具备手动和自动控制功能,可自动或人工启动电加热融雪电路。

77. 融雪加热电路的启动应采用什么接通方式?

答:融雪加热电路的启动应采用逐路接通方式。

78. 融雪室外设备安装及配置应符合哪些要求?

答:(1)电加热元件应安装于基本轨(翼轨)的轨腰或底部、滑床板以及其他可利用位置,两根电加热元件间应有不小于 20 mm 的间隙。

(2)钢轨温度感测器可以在每个咽喉区设一处或多处。

(3)控制柜至轨旁融雪设备采用电力电缆。

(4)融雪设备不得侵入铁路建筑限界。

(5)道岔融雪设备部件应齐全、安装完整,连接和防护部件紧固无松动。防腐处理应良好,部件无破损。

(6)不得影响道岔和轨道电路的正常工作。

79. 电加热元件引线端应满足哪些要求?

答:(1)电加热元件的引线头和电加热原件间应进行隔热处理,引线端应密封,在长期震动下不渗水。

(2)电加热元件应耐冲击,耐腐蚀。

80. 电加热元件连接线及连接线套管应满足哪些要求?

答:电加热元件连接线及连接线套管应满足下列要求:

(1)连接线采用的导电线缆应有防腐密封绝缘护套,铜导线截面积不应低于 4 mm^2。

(2)连接线应采用绝缘材料套管防护。

(3)连接线套管和电加热元件、接线盒的连接处应密封良好,不渗水。

81. 道岔融雪设备电加热元件电阻丝与外层间绝缘电阻有何规定?

答:用 500 V 兆欧表测试冷态下电加热元件电阻丝与外层间的绝缘电阻,在正常试验环境下应不小于 25 MΩ。

82. 轨温感测器的安装有哪些要求?

答:轨温感测器宜安装在距融雪控制柜最近的一组道岔基本轨上,安装位置在距岔尖 2~3 m 处的基本轨轨底,轨底部和轨温感测器接触面无缝隙,轨温感测器应与轨底固定牢固。

83. 控制柜应符合哪些要求?

答:(1)柜门无挤压变形,密封良好,各种门锁把手齐全;各种面板及板件固定良好;指示灯、旋钮等齐全,作用良好;输入、输出电缆孔应密封良好。

(2)输入、输出电源正常;三相电源不缺相,应尽量均衡使用。

(3)浪涌防护元件良好,防护元件故障不得影响设备正常工作。

(4)防护地线应接入综合接地系统。

(5)交流接触器、断路器及漏电保护器电气特性:

①交流接触器额定工作电压 AC 220 V,触头额定通过电流不小于 40 A,动作时间不大于 100 ms。

②断路器、漏电保护器宜采用 C 型保护特性。

(6)控制柜采集处理资讯及要求:

①环境检测装置输入数字(模拟)信号。

②电压、电流、频率等模拟量测量误差不大于±1.5%。

③各种模拟量、开关量检测周期小于 500 ms。

84. 环境检测装置应符合哪些要求?

答:(1)钢轨(滑床板)温度感测器和雪感测器应满足下列要求:

①温度测量范围:-50~80 ℃。

②系统温度测量精度:-10~10 ℃范围内不大于±0.5 ℃;其他温度范围不大于±1.0 ℃。

③资讯输出:发送电平分挡可调。

④信号传输速率:不低于 2 400 bit/s。

⑤资讯传输距离:不小于 1 200 m。

(2)感测器外壳应有良好的防护外界撞击能力。

(3)电路板、接线头处应进行密封处理,不渗水。

85. 隔离变压器应符合哪些要求?

(1)隔离变压器容量:2.5~15 kV·A。

(2)隔离变压器(三相或单相)电压:一次侧线圈电压 AC 380 V/220 V;二次侧线圈电压 AC 220 V。

(3)效率:不低于90%。

(4)瞬态特性:在额定电压和额定负载下,接通加热电路瞬间的冲击电流不应大于额定电流的 10 倍。

(5)平均无故障时间不应小于 1.5×10^5 h。

86. 道岔融雪设备电务与供电部门结合部如何分工?

答:道岔融雪设备,电务与供电段以道岔融雪装置室外控制箱电源引入端子为界,接线端子(不含)至负荷由电务段负责。

87. 道岔工电结合部应满足哪些要求?

答:道岔工电结合部应满足下列要求:

(1)道岔各部框架轨距、牵引点处开程、锁闭量应符合标准。

(2)尖轨、心轨、基本轨的爬行、窜动量不得超过 20 mm,限位铁两边应有间隙,尖轨、心轨、基本轨爬行、窜动不得影响道岔方正,以免造成杆件别劲、磨卡及外锁闭的锁闭框调整孔无调整间隙。

(3)道岔的转换阻力不得大于电动(液)转辙机的牵引力,转辙机的牵引力应符合规定标准。

(4)尖轨、心轨不影响道岔转换、密贴的翘头、拱曲、侧弯、肥边和反弹,甩开转换道岔杆件,人工拨动尖轨、心轨,刨切部分应与基本轨、翼轨密贴。心轨、尖轨尖端至第一牵引点范围内其缝隙不应大于0.5 mm,其余部位不应大于1 mm。

(5)尖轨、心轨顶铁与轨腰的间隙均不应大于1 mm,且间隙均匀。

(6)道岔转辙部位的轨枕间距符合标准,窜动不得造成杆件别劲、磨卡,影响道岔方正和道岔的正常转换。

(7)道岔转换时基本轨横移不得导致道岔的4 mm锁闭。道岔尖轨防跳限位器、各部轨距调整块作用良好,不得影响道岔正常转换,斥离轨游离不得造成道岔静态失去表示。

(8)尖轨、心轨底部与滑床台、辊轮间隙符合要求。

(9)滑床板无影响道岔转换的脱焊、断裂、塌陷、凹槽、侧斜等。

88. 道岔转换设备日常养护,工务、电务部门各负责哪些设备?

答:工务部门负责下列设备:

(1)尖轨连接杆、轨距杆、基本轨通长垫板的维修。道岔的方钢、耳铁、耳铁螺栓和连接销(联结螺栓)的养护维修。

(2)分动外锁闭提速道岔各牵引点岔枕挡砟板、心轨连接铁、钢岔枕、钢岔枕与钢轨间的连接螺栓及大胶垫的养护维修。

电务部门负责下列设备:

(1)密贴调整杆、尖端杆、连接杆及电动(空)转辙机的安装装置的维修。与道岔拉杆连接的方钢耳铁处的绝缘、道岔安装装置等各部件、动作杆、表示杆(云形铁)和螺栓、尖端杆的养护维修。

(2)分动外锁闭提速道岔钩式及燕尾式外锁闭设备及转辙机安装托板、与轨枕连接的托板螺栓的养护维修。

(3)密贴检查器及连杆、安装装置,与钢轨、轨枕连接的螺栓的养护维修。

89. 工电结合部道岔各部密贴、间隔调整有何规定?

答:道岔密贴控制主要为八项密贴和一项间隙:尖轨与基本轨、心轨与翼轨、短心轨与叉跟尖轨、尖轨与顶铁、心轨与顶铁、叉跟尖轨与顶铁、尖轨轨底与滑床台板、心轨与滑床台板密贴；弹条中舌与轨底间隙。

（1）轨件间密贴：尖轨、心轨第一牵引点前与基本轨、翼轨密贴间隙要求小于0.5 mm，其他部位的轨件密贴间隙要求均小于1.0 mm，采用塞尺逐一检查。当道岔的轨向、高低调整好后，轨件间密贴一般均能满足要求。当个别部位需要调整时，根据现场实际情况进行调整。

（2）顶铁密贴：用塞尺逐一检查直尖轨与顶铁、心轨与顶铁的密贴，当间隙大于或等于1.0 mm时要予以调整，调整方法参照现场情况进行处理。严禁现场对道岔顶铁进行不可逆处理。

（3）轨底与滑床台板密贴：按照设计要求，当尖轨打开时，轨底与滑床台板间隙约0.7 mm；当尖轨闭合时，轨底与滑床台板应密贴，间隙小于1 mm，且不得连续出现。若不满足上述要求，现场分析出现的原因，若是因道岔高低不良，则通过整道来调整。若是因辊轮安装高度造成，可通过辊轮调整垫片进行调整。在现场也有同时存在上述两种情况的现象，此时需要采取综合调整。

（4）调整方法：

①首先调整两尖轨尖端平齐，其次是辙叉跟端以尖轨外侧与弹性基板挡肩密贴。调整时可在尖轨内侧与弹性基板挡肩间加入间隙片，但间隙片不得加在尖轨外侧与弹性基板挡肩之间。通过增减顶铁调整片，调整尖轨、心轨顶铁间隙，并同时调整轨距、支距相结合，确保尖轨与基本轨密贴，可动心轨在轨头切削范围内应分别与两翼轨密贴。开通侧股时，叉跟尖轨尖端与短心轨密贴。

②结合道岔高低、水平的调整，使尖轨或可动心轨轨底应与台板间隙不超标。

③调整限位器位置，使两侧的间隙值对称均匀，并满足技术要求。

④轨撑的底面应与翼轨轨头下颚密贴。

⑤通过调整扣件,使尖轨跟端支距、趾跟端开口、护轨轮缘槽宽度、查照间隔满足要求。

90. 导致道岔转辙部分反弹的主要原因有哪些?

答:(1)尖轨、可动心轨框架组装不合标准。若尖轨、可动心轨的各部分连接杆的长度不符合安装标准,则尖轨、可动心轨框架间将产生内部应力。

(2)基本轨、翼轨框架不符合标准。岔头不方,直基本轨不直,曲基本轨弯折点、翼轨框架尺寸不标准。

(3)尖轨、可动心轨跟端过死。台螺栓损坏或不标准,间隔铁孔眼大造成台螺栓不起作用。

(4)尖轨、可动心轨的中、后部滑床板过硬,造成尖轨、可动心轨在转换时,尖轨、可动心轨后部带不过来。

(5)尖轨侧弯,曲尖轨动程偏小。尖轨扳动时,尖轨与基本轨不同时密贴,尖轨尖端最后密贴,再次扳动时尖轨反弹。

(6)可动心轨侧弯。可动心轨扳动时,可动心轨与翼轨不同时密贴,可动心轨尖端最后密贴,再次扳动时可动心轨反弹。

(7)跨区间无缝线路铺设的大号码无缝道岔一般铺设于线路所,可动心轨辙叉同时受直股和曲股线路温度力的影响,两股钢轨伸缩量不同,长短心轨会产生不均匀爬行,导致心轨侧弯,特别是位于主干线或直股侧心轨的比次要干线或曲股侧心轨的伸缩量要大。

(8)拉杆、连接杆、接头铁和连接销锈蚀或螺栓过紧,形成整体框架尖轨扳动时转换不灵活。

(9)尖轨、可动心轨因制造或存放不当等原因形成硬弯,或被车轮轮缘长期挤撞形成侧弯。

(10)跨区间无缝道岔在温度力、钢轨伸缩位移影响下,尖轨与基本轨、可动心轨与翼轨间因间隔铁、限位器卡阻，尖轨、可动心轨根端至最后拉杆之间受力形成侧弯。

(11)尖轨、可动心轨顶铁过长，造成尖轨、可动心轨中部与顶铁过密形成绷劲。

91. 道岔转辙部分反弹问题的整治措施有哪些？

答：(1)调整尖轨框架、基本轨内侧框架尺寸，使其符合标准，对轨距严重超限，轨距递减率不良处所进行改道处理；检查曲基本轨弯折量，当误差超过±1 mm 时，应重新弯折；并进行转辙性能测试。

(2)调整尖轨拉杆尺寸使两尖轨间距符合规定标准要求，从前向后调整，如有误差，可采取加垫或磨削的方法进行调整。

(3)通过垫板或起道捣固的方法整修滑床板过硬、空吊；对转辙部岔枕进行锛砍削平，降低滑床板高度，使转辙部各滑床台高度保持一致。

(4)更换台螺栓，更换间隔铁，或在台螺栓上加垫。

(5)动尖轨或调整基本轨，消除限位器卡紧问题。

(6)整修更换有侧弯的尖轨、可动心轨。

(7)调整尖轨、可动心轨顶铁，拧紧松动的顶铁螺栓。

(8)调整完成进行工电测试试验，确认调整良好。

92. 造成道岔转辙部分卡阻的主要原因有哪些？

答：(1)尖轨、可动心轨滑床板台面磨耗严重、滑床板严重变形，基本轨与滑床板不落槽、尖轨底部刨切不好引起转换卡阻。

(2)AT 型道岔尖轨上部卡基本轨头部下颚的现象较多，主要原因是尖轨中后部滑床板过硬。

(3)由于尖轨作用边或基本轨作用边存在肥边，造成卡阻现象。

(4)尖轨拱腰，使第三块滑床板处尖轨上部卡基本轨头部下颚。

(5)岔枕铺设位置不正,转辙机处轨枕间隔不标准。尖轨、可动心因气温变化产生爬行,尖轨、可动心轨电务拉杆刮碰岔枕。

(6)尖轨、可动心轨滑床板脱焊折断产生错位、翘起,引起转换卡阻。

(7)尖轨、可动心轨滑床板台面缺油锈蚀造成转换阻力增大,引起转换卡阻。

(8)尖轨滑床板辊轮缺油锈蚀、安装不正确,辊轮定位螺栓松动、上框架浮起刮碰尖轨轨底,造成转换阻力增大,引起转换卡阻。

(9)尖轨、可动心轨拱腰或塌腰,使尖轨与基本轨、可动心轨与翼轨不能顺利密贴。

(10)尖轨、可动心轨中、后部滑床板阻力大,造成尖轨、可动心轨在扳动时,尖轨、可动心轨后部因受阻不能正常到位。

93. 道岔转辙部分卡阻现象的整治措施有哪些?

答:(1)更换台面磨耗严重、滑床板严重变形的尖轨、可动心轨滑床板。

(2)锛砍削平木枕,降低滑床板。

(3)对钢轨肥边要及时打磨,对周期性肥边,电务部门要采取跟踪调整方式。

(4)有砟轨道方正转辙机处轨枕间隔使其符合标准。防止尖轨、可动心轨电务拉杆刮碰岔枕。

(5)对于尖轨、可动心轨滑床板脱焊折断的进行更换或重新焊接。

(6)尖轨滑床板辊轮进行重新安装,拧紧辊轮定位螺栓,以防止上框架浮起刮碰尖轨轨底,造成转换阻力增大,引起转换卡阻。

(7)整修或更换拱腰或塌腰尖轨、可动心轨,使尖轨与基本轨、可动心轨与翼轨顺利密贴。处理尖轨拱腰的临时措施是打磨尖轨上部卡阻部位,必要时更换尖轨。

(8)通过垫板或起道捣固的方法整修滑床板过硬、空吊。

(9)混凝土枕道岔处理 AT 型尖轨上部卡基本轨下颚,一是更换基本轨下压溃胶垫,二是更换过硬滑床台下铁垫板胶垫。

(10)在道岔运营过程中,应经常检查各类转换杆件与岔枕上滑床板、耳板、岔枕边缘间的缝隙尺寸。发现缝隙小于 10 mm 时,应及时调整转换杆件的位置,拉轨并及时锁定扣件。

94. 哪些部位螺栓松动、脱落会造成道岔转换卡阻?

答:(1)尖轨、可动心轨顶铁水平螺栓松动。

(2)可动心轨的长短心轨连接螺栓、咽喉前翼轨间隔铁螺栓、限位器螺栓、翼轨间隔铁螺栓、长短心轨与间隔铁螺栓松动。

(3)尖轨防跳轮螺栓、滑床板辊轮定位螺栓松动。

(4)尖轨、可动心轨顶铁横向螺栓防松夹松动、脱落。尖轨、可动心轨间隔铁螺栓螺母防松帽脱落。

(5)拉板螺栓松动。由于长时间使用和列车振动及拉板固定螺栓不牢等原因,使部分心轨道岔拉板旷动严重,造成尖轨两侧的拉板左右不平、前后不正等问题。在转换道岔过程中,道岔转换力受到分解。特别是在道岔锁闭时,拉板更加倾斜,易造成不能到位的设备故障。

95. 道岔安装施工中,工务、电务的作业流程是什么?

答:工务道岔铺设流程:

以 18 号道岔为例,道岔中心及方向确定—道床平整压实—摆枕—基本轨尖轨组件就位—摆放扣件—辙叉组件就位—安装其他钢轨—初调轨道状态全面检查—精细调整—转换设备安装—工电联调—静动态检测。

电务施工流程:

转辙机外锁闭装置安装—辙岔外锁闭装置安装—转辙机安

装—密贴检查器安装—转换试验及检验验收。

96. 道岔转换设备施工中,工务、电务部门的配合方案和要求是什么?

答:(1)工务部门配合方案及要求:

①道岔型号及轨距:道岔型号不同,尖轨的长度和尖轨理论尖端处的轨距也不同。直线型尖轨在尖轨尖端处的轨距一般都要加宽。12 号道岔 AT 弹性可弯尖轨在尖端处轨距加宽 2 mm,其他弹性可弯尖轨和曲线尖轨的尖端处没有加宽轨距,具体根据标准图或设计图办理。对于新铺设的道岔,预铺时的轨距应略有缩小,在上道运用后就会变化为标准轨距。测量电动转辙机基础角钢尺寸时应引起注意。

②道岔钢轨类型:根据钢轨类型选定角形铁。

③尖轨动程:各类道岔尖轨动程不一样,预铺和安装调整时必须把动程调整标准。

④整组道岔调整方正:在安装电动转辙机之前,必须将整组道岔调整方正。首先是调整预铺或整治道岔的水准和方向,保证不影响道岔密贴调整,其次是调整道岔密贴,做到用撬棍拨动尖轨到位后的自然状态下能够达到宏观密贴,且尖轨不反弹。

⑤有关轨枕位置调整:普通单开道岔安装 ZD6 型电动转辙机时,尖轨第一连接杆中心与尖轨端轨枕中心的距离以 330 mm 为宜;与岔心端轨枕中心的距离以 285 mm 为宜。

⑥原有转辙设备安装情况:原有的设备影响电动转辙机安装时,应根据现场情况拟定移设方案。

(2)电务部门配合方案及要求:

①转撤设备的安装应符合定型安装图的要求。

②检查道岔岔尖前后爬行量最大不超过 20 mm。轨枕应不影响基础角钢、密贴调整杆及表示杆的安装和调整。

③电动转辙机的动作杆与密贴调整杆安装在一条直线上，与表示杆道岔第一连接杆平行。

④基础角钢应与直股轨道垂直，角钢垂直一边要尽量靠近轨枕，转辙机应与基础角钢垂直。

⑤基础角钢应平直无弯，有足够的强度，角形铁应与钢轨密贴(腹部除外)。

⑥密贴调整杆动作时，空动距离应大于 5 mm；各种连接杆的调整螺扣露出螺帽外的余量不小于 10 mm。

⑦所有通过轨底的杆件，距钢轨底面的净距离不应小于 10 mm。

⑧各部绝缘安装正确，无遗漏，无破损；各部螺栓应紧固。

97. 道岔转换设备施工中，工电配合中的两个关键问题是什么？

答：在道岔施工中，转辙部轨距的调整和转辙机装置的安装，道岔尖轨的动程调整和密贴调整杆空动距离的调整是工电配合中的两个关键问题。

98. 道岔上道之前进行整组(连同电务转换设备以及外锁闭装置)预铺时，工务、电务部门的施工要求有哪些？

答：工务部门施工要求：

(1)道岔各部尺寸以及零部件的安装应符合设计图纸。

(2)直尖轨轨头刨切起点处直股轨距为 1 435 mm 切起点处。

(3)在安装外锁闭装置之前，两尖轨应分别与相应的基本轨进行密贴检验，对可动心轨与翼轨进行密贴检验，确认尖轨(或可动心轨)在轨头刨切范围内与基本轨(或翼轨)的缝隙小于 1 mm。

(4)顶铁与尖轨或可动心轨轨腰的间隙应小于 1.5 mm。

(5)尖轨限位器前后缝隙的偏差不大于 1.5 mm(不与无缝线路焊接的道岔日常养护维修标准为 6.5 mm)。

(6)转辙器及可动心轨辙叉垫板的滑床台应平滑,确保尖轨及可动心轨放置在具有相同高程的基础上。

(7)尖轨与滑床板应密贴,每侧尖轨第一及第二牵引点岔枕的滑床台必须保持3块密贴(指有磨痕或缝隙不大于1 mm)。

(8)各部分紧固螺栓须拧紧,拧紧的要求:

①紧固Ⅱ型弹条的螺栓,其拧紧程度以弹条下颏挨到轨距块为准,安装Ⅲ型弹条时必须使用专用安装工具,严禁使用敲击方法安装弹条。

弹条的内圆角边与铁座的边沿应留出8~10 mm的空余量。拆卸Ⅲ型弹条时,亦必须使用专用拆条工具。弹条安装后,混凝土岔枕不许悬空,必须将混凝土岔枕垫实,以防将弹条张拉变形。Ⅲ型弹条不宜反复拆装,反复拆装次数不得多于三次。

②防松螺母的下螺母(通常为凸锥螺母)为拧紧螺母,上螺母(通常为凹锥螺母)为防松螺母,不宜拧得过紧。以螺母不产生塑变为限。上、下螺母端面需留少量缝隙。注意上、下螺母必须分别拧紧,发现螺母松动,应先卸下上螺母,将下螺母按爬扭矩拧紧后,再拧紧上螺母。

(9)弹片滑床板和弹片护轨垫板安装时,应注意区分弹片的正反面,分别插入滑床台和护轨承轨台内,有刨切的一端扣压轨底,另一端抵靠在铁垫板上防窜挡台,弹片的短斜销在上面。

销钉的安装规则如下:平面压弹片,圆柱面朝上。安装销钉时,销钉应涂上黄干油锤击打入。销钉的安装方向应一致。钢岔枕弹片销钉必须由钢岔枕外侧向内打,消除转换卡阻隐患。

(10)可动心轨第一牵引点接头铁与可动心轨转换凸缘安装时,要求接头铁与可动心轨转换凸缘之间无缝隙。

(11)整组道岔预铺时,必须进行电动操作转换试验,尖轨与可动心轨实测转换力不得大于6 kN(不含密贴力)。

(12)整组道岔试铺组装尺寸须符合下列规定:

①尖轨尖端前基本轨长度为2 916 mm,允许偏差为+4 mm。

②可动心轨实际尖端至翼轨趾端距离为2 396 mm,允许偏差为+4 mm。

道岔铺设时,要求转辙器两根基本轨外锁闭铁的安装孔在同一轴线上,允许偏差为±3 mm。

电务部门施工要求:

(1)电务施工之前,应验证工务部分是否符合前述道岔有关技术要求,特别是轨距、岔枕间距、尖轨(心轨)动程、尖轨(心轨)与基本轨(翼轨)的密贴程度等。

(2)除产品出厂时采取防腐措施外,安装时要根据现场条件再涂防腐层。防腐涂料可根据环境条件自选,并按要求定期检查、重涂。

(3)要根据厂内预铺编号次序进行铺设安装。

(4)铺设初期,要加强转换设备的检查、养护、清扫工作。

第四单元 轨道电路

1. 轨道电路的组成是什么?

答:轨道电路主要由送电端、钢轨线路和受电端组成。

送电端由电源、限流器、引接线及箱盒组成。限流器是为了保护电源而设,一般由电阻器或电抗器构成,轨道电源使用电子设备时,一般不需设限流器。钢轨线路由轨条、轨端接续线和钢轨绝缘等组成。轨端接续线是为减小轨条间的接触电阻,钢轨绝缘是为分隔或划分轨道区段。受电端主要设备是轨道继电器。

2. 轨道电路的分类是什么?

答:轨道电路有较多种类,也有多种分类方法。

按动作电源分类,可分为直流轨道电路和交流轨道电路。

按工作方式分类,可分为开路式轨道电路和闭路式轨道电路。

按所传送的电流特性分类,可分为连续式、移频式以及数字编码式轨道电路。

按分割方式分类,可分为有绝缘轨道电路和无绝缘轨道电路。

按使用处所分类,可分为区间轨道电路和站内轨道电路。

按轨道电路内有无道岔分类,站内轨道电路可分为无岔区段轨道电路和有岔区段轨道电路。

按适用区段分类,可分为非电气化区段轨道电路和电气化区段轨道电路。

按轨道电路中利用钢轨作为通道的方式分类,可分为双轨条和单轨条轨道电路。

3. 轨道电路的基本工作原理是什么?

答:当轨道电路内钢轨完整,且没有列车占用时,轨道继电器吸起,表示轨道电路空闲。轨道电路被列车占用时,它被列车轮对分路,轮对电阻远小于轨道继电器线圈电阻,流经轨道继电器的电流大大减小,轨道继电器落下,表示轨道电路被占用。

4. 什么是轨道电路红光带?

答:对于轨道电路区段,控显设备以红光带表示该轨道区段处于有车占用状态或故障状态。

5. 什么是轨道电路分路不良?

答:轨道电路分路不良就是指轨道电路轨面因为不良导电物(如轨面生锈)影响,造成列车或者车列占用轨道时控制该轨道区段的轨道继电器不能正常落下,这可能导致向有车占用的区段办理接发列车或者调车进路,发生信号联锁失效,这是非常危险的,其直接后果就是发生撞车事故。

6. 分路不良日常检查内容有哪些?

答:电务现场维护人员日常巡视重点对轨道区段进行目测检查,主要检查未登记分路不良区段轨面的生锈的情况、双动道岔转极跳线完整情况。特别是在雨雪天气,要加强对轨道电路的轨面生锈和除雪检查。

7. 什么是轨道电路分路灵敏度?

答:当轨道电路被列车车轮或其他导体分路,恰好使轨道电路继电器线圈电流减少到释放值时的列车分路电阻值(或导体的电阻值)就是该轨道电路的分路灵敏度。

8. 轨道电路分路残压如何测试?

答:在每个轨道区段最不利的轨面处,将压力感测器卡在轨腰(轨底)处,将压力感测器连接头接至主机压力1、2上,并将压力感测器连接线接至主机0.06压插头,顺时旋转加压螺杆,使压力为

24.5 kN,残压测试仪上的度数则为残压值,残压应符合《普速铁路信号维护规则(技术标准)》的规定。

9. 什么是无岔区段?

答:轨道电路区段按其是否包括道岔,分为道岔区段和无岔区段。无岔区段存在于股道、进站信号机内方、双线单向运行区段的发车口、半自动闭塞区间进站信号机外的接近区段、差置调车信号机之间、尽头线调车信号机外方的接近区段。

10. 什么是侵限绝缘?

答:在咽喉区设置的钢轨绝缘,当它不能满足距警冲标不小于3.5 m的要求时,就称为侵限绝缘。

11. 钢轨绝缘位置的确定原则是什么?

答:(1)信号机处的绝缘节,原则上应当和信号机并列在同一坐标处。当不能设在同一坐标处时,应符合下列要求:

进站、接车进路信号机和自动闭塞区间并置的通过信号机处,钢轨绝缘可设在信号机前方1 m或后方1 m的范围内;出站(包括出站兼调车)或发车进路信号机、自动闭塞区间单置的通过信号机处,钢轨绝缘可设在信号机前方1 m或后方6.5 m的范围内;调车信号机处,钢轨绝缘可设在信号机前方1 m或后方1 m的范围内。

(2)在道岔区段,设于警冲标内方的钢轨绝缘,除双动道岔渡线上的绝缘外,其安装位置距警冲标不得小于3.5 m,当不得已必须装于警冲标内方小于3.5 m处时,应按侵入限界考虑。

(3)两根钢轨的绝缘应尽量设在同一坐标处,当不能设在同一坐标处时,其错开距离(称为“死区段”)最大不能超过2.5 m。

(4)两相邻死区段的间隔,或与死区段相邻的轨道电路的间隔,一般不小于18 m;当死区段的长度小于2.1 m时,其与相邻死区段间的间隔或与相邻轨道电路的间隔允许范围为15~18 m。

(5)集中联锁车站的牵出线、机待线、出库线、专用线或其他用途的尽头线入口处的调车信号机前方,应设轨道电路,其长度不得小于 25 m。

12. 什么是轨道电路的一次调整?

答:在最不利条件下,每段轨道电路内,可变环节的电气参数经首次调整后,能满足调整、分路、机车信号三种状态的要求,无需随外界参数的变化再次进行调整,称为轨道电路的一次调整。

13. 什么是轨道电路的极限长度?

答:当轨道电路能实现一次调整时,其所能达到的最大长度为极限长度。

14. 轨道电路极性交叉的作用是什么?

答:轨道电路极性交叉可以防止在相邻轨道电路间的绝缘节破损时失去有车检查功能。对于交流供电来说,只要两相邻轨道电路的电流相位相反,它们瞬间极性也相反,就得到极性交叉的效果了。

15. 轨道电路的基本工作状态有哪几种?

答:轨道电路的基本工作状态分为调整状态、分路状态和断轨状态。

16. 轨道电路调整状态是什么?

答:轨道电路的调整状态就是轨道电路完整和空闲,接收设备(如轨道继电器)正常工作时的状态。

17. 轨道电路分路状态是什么?

答:轨道电路的分路状态就是指当轨道电路区段有车占用时,接收设备(如轨道继电器)应被分路而停止工作的状态。

18. 轨道电路断轨状态是什么?

答:轨道电路断轨状态,是指轨道电路的钢轨在某处折断时的情况。钢轨虽已折断,轨道电路仍可通过大地构成回路,接收设备中还会有一定值的电流流过,但接收设备应可靠停止工作。

19. 轨道电路调整状态最不利条件是什么?

答:当轨道电路在规定范围内,发送电压值最低,钢轨阻抗值最大,道床电阻值最小,轨道电路为极限长度和空闲的条件下,受电端的接收设备应可靠工作。

20. 轨道电路分路状态最不利条件是什么?

答:当轨道电路在规定范围内,发送电压值最高,钢轨阻抗值最小,道床电阻值最大的条件下,用标准分路电阻线在轨道电路的任意处可靠分路(不含死区段),轨道电路应可靠表示轨道占用。

21. 轨道电路断轨状态最不利条件是什么?

答:钢轨阻抗模值最小、发送电压最大、临界道砟电阻和临界断轨地点。在最不利条件下,轨道电路接收设备应可靠停止工作。

22. 轨道电路钢轨绝缘有哪几类?

答:轨道电路的钢轨绝缘一般分为两类,正线一般用胶粘式绝缘,侧线等不常用线路采用非胶粘式绝缘。

23. 轨道电路轨端胶粘式绝缘的测试方法是什么?

答:在胶粘机械绝缘节处使用绝缘在线测试仪测试各部绝缘阻值,即三点测试。选择电阻挡位,用钢锉去掉一侧夹板表面锈蚀后,使用表笔分别测试轨端两侧轨面之间,两轨端与一侧夹板之间的绝缘阻值,同时读取测试数值并记录,轨端绝缘数值要求大于20 Ω。

24. 轨道电路轨端非胶粘式绝缘的测试方法是什么?

答:在非胶粘机械绝缘节处使用绝缘线上测试仪测试各部绝缘阻值,即五点测试。选择电阻挡位,用钢锉去掉两侧夹板表面锈蚀后,使用表笔分别测试轨端两侧轨面之间,两轨面与两侧夹板之间的绝缘阻值,同时读取测试数值并记录,轨端绝缘数值要求大于20 Ω。

25. 轨距杆、地拉杆上道前的测试方法是什么?

答:将轨距杆、地拉杆置于绝缘环境(或悬空、架空),避免大地短路造成测试不准确,然后用 500 V 兆欧表分别测试相应绝缘的整组绝缘值。

26. 使用中的轨距杆、地拉杆绝缘的测试方法是什么?

答:(1)使用绝缘在线测试仪测试,测试前需要用锉对轨距杆中部除锈,露出金属光泽;将测试表笔分别对接轨距杆中部除锈处和钢轨轨面,直读在线交流阻抗电阻值,其大于 20 Ω 为良好。

(2)需要分解测试绝缘时,电务部门书面通知工务部门,由工务部门负责拆装,经电务部门测试合格后方可重新上道使用。

27. 轨道电路轨道连接线设置有哪些要求?

答:轨道连接线不被石砟掩埋,在道床内走线不高出水泥枕,走线平顺,固定卡具、水泥墩齐全,连接线固定绑扎良好,防止上翘被行车刮伤。

28. 塞钉式钢轨连接线塞钉设置有哪些要求?

答:塞钉与塞钉孔要紧密接触,无明显锈蚀,打入深度最少与轨腰平齐,露出不超过 5 mm,且有白漆封闭。

29. 两横一纵线的使用原则是什么?

答:(1)先连接两横一纵线,后断开设备(先连后断)。

(2)先连接横向线,后连接纵向线(先横后纵)。

(3)先恢复设备,后撤除两横一纵线。

30. 扼流变压器按型号分为哪几种?

答:扼流变压器按型号分为 BE-400/25、BE-600/25、BE-800/25,其中 400、600、800 为不同型号的扼流变压器牵引线圈中点允许通过的总电流。

31. 如何更换扼流变压器箱连接线?

答:更换扼流变压器箱连接线时,主要问题是不能中断牵引电流。所以必须在给点后,更换前,先将回流线连通,即利用“两横一纵”跨过绝缘节连接好,再换上同型号的连接线,待新线换好后,再撤出“两横一纵”回流线。

32. 扼流变压器由哪两部分组成?

答:扼流变压器由轨道线圈和信号线圈组成。轨道线圈由两个8匝线圈组成,共三个端子(1、2、3),4、5端子为信号线圈,共48匝,变比$n=3$。

33. 扼流变压器的作用是什么?

答:在电气化牵引区段,为了保证牵引电流顺利流过绝缘节,而轨道电路的电流不会流过绝缘节。

34. 扼流变压器二次侧开路作业时,如何进行“两横一纵”防护?

答:在轨道上使用“两横一纵”回流线防护好后,方可开始工作,待工作完毕后,再撤除“两横一纵”回流线。

35. 更换扼流变压器及扼流变压器连接线时,如何进行“两横一纵”防护?

答:用回流连接线将两个区段的双轨条分别横向连通,再用一条回流连接线将绝缘节纵向连通(称为“两横一纵”方式),方可开始更换。更换完成确认各部连接良好后再撤除“两横一纵”临时回流线。

36. 更换两相邻扼流变压器箱中心连接板或中心连接辅助线(无牵引回流吸上线)的步骤是什么?

答:(1)用回流连接线将两个区段的双轨条分别横向连通,再用一条回流连接线将绝缘节纵向连通,方准开始工作(称为“两横一纵”方式)。

(2)扼流变压器中心连接板或中心连接辅助线全部更换安装好后,方准拆除横向和纵向连接的回流线。

37. 更换附有吸上线的两相邻扼流变压器箱中心连接板或中心连接辅助线的步骤是什么?

答:(1)先用回流连接线将两个区段的双轨条分别横向连通,

再用一条回流连接线将绝缘节纵向连通（“两横一纵”方式），最后拆装临时吸上线。但拆装回流吸上线工作由接触网工区人员负责进行。

（2）临时吸上线、回流线全部连接好后，方准拆换中心连接板或中心连接辅助线。

（3）更换完毕且各部连线安装良好后，方准拆除横向和纵向连接的回流线。

38. 更换单向扼流变压器箱（钢轨绝缘一端有扼流变压器，另一端没有扼流变压器）**的步骤是什么？**

答：（1）用回流连接线将轨道电路区段横向连通，再用一条回流将绝缘节纵向连通，方准开始更换。

（2）更换完毕连接良好后，再拆除回流连接线。

39. 更换单侧钢轨（两端不靠绝缘）**时，必须采取什么措施？**

答：工务人员借用相对侧不更换钢轨沟通牵引回流通道时，要求做二横连接后，才允许打下导接线配合。

40. 更换单侧钢轨（一端靠绝缘，一端不靠绝缘）**时，必须采取什么措施？**

答：工务人员借用相对侧不更换钢轨沟通牵引回流通道时，要求做一横一纵连接，并且指导工务人员先连接横线再连接纵线，电务人员才能打下引接线、导接线配合。

41. 更换双侧钢轨（一端靠绝缘，一端不靠绝缘）**时，必须采取什么措施？**

答：换轨长度超过纵线长度，工务人员借用新轨沟通牵引回流通道时，要求工务人员做二横四纵连接，并且指导工务人员先连接横线再连接纵线，电务人员才能打下引接线、导接线配合。如果工务的新轨不到位无法借用，必须要求工务人员申请区域停电后才能作业。

42. 更换双侧钢轨（两端不靠绝缘，纵线长度超过待换轨长度）**时，必须采取什么措施？**

答：纵线长度超过待换轨长度时，要求工务人员做一横一纵连接，电务人员才能打下导接线配合。

43. 更换双侧钢轨（两端不靠绝缘，换轨长度超过纵线长度）**时，必须采取什么措施？**

答：换轨长度超过纵线长度时，工务人员借用新轨沟通牵引回流通道时，要求工务人员做二横四纵连接，电务人员才能打下导接线配合。且待一侧新轨连接安装完毕后，才能开始拨动安装另一侧新轨，防止同时安装造成纵线脱落，回流不畅。如果工务的新轨不到位无法使用，必须要求工务人员申请区域停电后才能作业。

44. 更换单侧钢轨（附有吸上线处）**时，必须采取什么措施？**

答：工务人员借用相对侧不更换钢轨沟通牵引回流通道时，要求工务人员做二横一纵连接，并且指导工务人员先连接横线再连接纵线，电务人员还要再连接一条纵线，防止牵引电流只流过扼流变压器的2.3线圈而产生高电压，才能打下引接线、导接线配合。

45. 更换双侧钢轨（附有吸上线处）**时，必须采取什么措施？**

答：换轨长度超过纵线长度，工务人员借用新轨沟通牵引回流通道时，要求工务人员做二横五纵连接，并且指导工务人员先连接横线再连接纵线，电务人员还要再连接一条纵线，防止牵引电流只流过扼流变压器的2、3线圈而产生高电压，才能打下引接线、导接线配合。如果工务人员新轨不到位无法借用，必须要求工务人员申请区域停电后，才能作业。

46. 更换基本轨（两端不靠绝缘）**时，必须采取什么措施？**

答：工务人员借用不更换钢轨沟通牵引回流通道时，要求工务人员做二横连接，才能打下导接线配合。

47. 更换基本轨(一端靠绝缘,一端不靠绝缘)时,必须采取什么措施?

答:工务人员借用不更换钢轨沟通牵引回流通道时,要求工务人员做二横一纵连接,才能打下引接线、导接线配合。

48. 更换辙岔时,必须采取什么措施?

答:工务人员借用不更换钢轨沟通牵引回流通道时,要求工务人员做三横连接,才能打下导接线配合。

49. 25 Hz 相敏轨道电路送电端设备的组成是什么?

答:轨道电路送电端由电源、限流器、扼流变压器、轨道变压器、引接线及箱盒等组成。

50. 25 Hz 相敏轨道电路受电端设备的组成是什么?

答:轨道电路受电端主要设备由扼流变压器、轨道变压器、引接线及箱盒、轨道继电器等组成。

51. 25 Hz 相敏轨道电路钢轨线路的组成是什么?

答:轨道电路钢轨线路由轨条、轨端接续线和钢轨绝缘等组成。

52. 25 Hz 相敏轨道电路送、受电端熔断器的作用是什么?

答:送电端保险为分级防护,扼流变压器保险为了防护钢轨冲击电流,当牵引电流超过规定时熔断,以保证器材的安全。

53. 25 Hz 相敏轨道电路绝缘装置设置的技术要求是什么?

答:轨道电路内的各种绝缘装置,均需保持绝缘良好。邻接轨道电路间钢轨绝缘破损时,轨道接收设备不应受邻接轨道电路电流影响而误动或有符合设计要求的防护措施,电码化轨道区段应采取串码防护措施。

54. 25 Hz 相敏轨道电路两钢轨接头的设置要求是什么?

答:装有钢轨绝缘处的轨缝应保持在 6~10 mm,两钢轨头部应在同一平面,高低相差不大于 2 mm;在钢轨绝缘处的轨枕应保持坚固，道床捣固良好。

55. 为什么要设置高压脉冲轨道电路？

答：高压脉冲轨道电路是解决分路不良的优选电路，为解决分路不良问题，在交流电力牵引区段、电码化车站的股道和道岔区段采用双扼流双轨条电码化高压脉冲轨道电路。在不通过牵引电流的轨道区段，采用无扼流双轨脉冲轨道电路。

56. 高压脉冲轨道电路的特点有哪些？

答：(1)高压脉冲轨道电路采用普通轨道电路电源供电，通过发码器材转换为高压脉冲形式输送到轨面。

(2)钢轨表面一般附有粉尘或锈斑，轨面上有 30～100 V 的脉冲电压。

(3)解码前，每秒钟有 3 个脉冲间隔，波头幅值达 100 V；波尾幅值达 25 V，需要使用能够测试脉冲功能的仪表才能测到。

(4)解码前，头、尾脉冲交替出现；解码后，头、尾直流电压同时出现。

(5)头、尾脉冲存在极性，相邻区段能够实现极性交叉，有可靠的绝缘破损防护功能。

(6)高压脉冲轨道电路的扼流变压器、电码化等器材采用高压脉冲专用器材，机车信号入口电流测试也需高压脉冲测试仪表。

57. 高压脉冲轨道电路的结构由哪些部分组成？

答：高压脉冲轨道电路主要由发送、轨道和接收三部分组成。

58. 高压脉冲轨道电路发送部分由哪些设备组成？

答：发送部分即轨道的送电端，由高压脉冲发码变压器、高压脉冲发码盒、调整电阻、高压脉冲扼流变压器等组成。

59. 高压脉冲轨道电路扼流变压器的作用是什么？

答：高压脉冲扼流变压器采用 BE2-M 型，作用：一是向钢轨传输高压脉冲信号；二是沟通牵引电流；三是吸收不平衡电流。

60. 高压脉冲轨道电路的接收部分由哪些设备组成?

答:接收部分由高压脉冲扼流变压器、四脚电容、解码器、轨道继电器等构成。位于室外的主要器材是高压脉冲扼流变压器,即轨道的受电端。

61. 高压脉冲轨道电路如何实现占用分路?

答:一般情况下,轨面脉冲电压为50 V时,轨面击穿率为40%;脉冲电压为100 V时,轨面击穿率为80%。因此,车辆占用后,将两轨面短接,短接程度能使波头电压低于13.5 V或波尾电压低于10 V时,二元差动继电器就失磁落下,实现了车辆占用良好分路。

62. 高压脉冲轨道电路如何实现断轨检查?

答:当高压脉冲轨道电路的两轨条有一个断开时,高压脉冲将无法正常传递,解码后的波头电压将低于13.5 V,波尾电压将低于10 V,二元差动继电器失磁落下,实现了断轨检查。

63. 高压脉冲轨道电路在电气化和非电气化区段与轨道的连接方式是什么?

答:电气化区段的高压脉冲轨道电路通过扼流变压器与轨道连接;非电气化区段采用高压脉冲变压器与轨道连接。

64. 高压脉冲轨道电路集中式和分散式设置位置有何规定?

答:集中式的高压脉冲轨道电路的器材除扼流变压器外都集中设置在室内,分散式的发码器、轨道变压器、电码化器材、可调电阻设置在室外轨道旁。

65. 高压脉冲轨道电路电抗器的设置有何规定?

答:电气化区段存在迂回通路的在接收端安装电抗器,电气化区段不存在迂回通路的以及非电气化区段不需要设置电抗器。

66. 高压脉冲轨道电路分路灵敏度有何规定?

答:高压脉冲轨道电路分路灵敏度≥0.15 Ω。

67. ZPW-2000A 轨道电路包括哪几种载频和型号?

答:ZPW-2000A 轨道电路包括 8 种载频,分别为 1700-1 型、1700-2 型、2000-1 型、2000-2 型、2300-1 型、2300-2 型、2600-1 型、2600-2 型,-1 的频率是在原载频的基础上+1. 4 Hz,-2 型的频率是在原载频的基础上−1. 3 Hz。

68. ZPW-2000A 轨道电路上行使用哪几种载频?

答:ZPW-2000A 轨道电路上行使用 2000-1 型、2000-2 型 2600-1 型、2600-2 型四种载频。

69. ZPW-2000A 轨道电路下行使用哪几种载频?

答:ZPW-2000A 轨道电路下行使用 1700-1 型、1700-2 型、2300-1 型、2300-2 型四种载频。

70. ZPW-2000A 轨道电路发送器产生多少种低频? 频率分别为多少?

答:ZPW-2000A 轨道电路发送器产生 18 种低频,频率计算公式为 $29-(n-1)\times1.1$,单位为 Hz,$n=1,2,\cdots,18$。

71. ZPW-2000A 轨道电路由哪两部分组成?

答:ZPW-2000A 轨道电路由主轨道和小轨道两部分组成。

72. ZPW-2000A 轨道电路是如何实现全程断轨检查的?

答:ZPW-2000A 轨道电路是由主轨道和小轨道两部分电路构成。小轨道信息是由本区段发送经过调谐区钢轨送至运行前方相邻区段接收端,由相邻区段的接收器进行处理,并经过相邻区段的衰耗器送出即为小轨道条件(XG、XGH),再经过方向继电器接点送回本区段接收器即小轨道检查条件(XGJ、XGJH),该条件作为区间轨道继电器 QGJ 励磁的必要检查条件之一,其另一个必要检查条件是主轨道信息,因此 QGJ 励磁吸起既能证明主轨道空闲且钢轨完好,也能证明小轨道(调谐区)内钢轨完好,所以实现了全程断轨检查。

73. ZPW-2000A 轨道电路调谐区长度是多少?

答:ZPW-2000A 轨道电路调谐区长度是 29 m。

74. ZPW-2000A 轨道电路调谐区设备主要由哪些部分组成?

答:调谐区设备包括调谐单元、匹配变压器、防雷单元、空芯线圈、双体防护盒、钢包铜引接线等。

75. ZPW-2000A 轨道电路机械绝缘节空芯线圈按载频分为哪几种?

答:机械绝缘节空芯线圈按载频分为 1 700 Hz、2 000 Hz、2 300 Hz、2 600 Hz 四种。

76. ZPW-2000A 轨道电路空芯线圈的作用是什么?

答:一是在电气化区段平衡牵引电流;二是改善电气绝缘节的品质因数,提高调谐区工作的稳定性。

77. ZPW-2000A 轨道电路补偿电容的工作原理是什么?

答:高频信号在钢轨传输时,钢轨表现出较高的感抗,使得大部分信号被道床电阻分流,导致信号传输距离大大缩短。为了解决这个问题,在两条钢轨间每隔一定距离加设一个电容,加设的电容和钢轨中的电感形成谐振,从而降低钢轨阻抗,提高传输距离。

78. ZPW-2000A 轨道电路补偿电容的作用是什么?

答:补偿电容用来补偿因钢轨电感的感抗所产生的无功功率损耗,保证接收端信号的有效信干比,使得轨道电路具有良好的传输性能;并保证钢轨在同侧两端接地的条件下,轨道电路分路及断轨检查性能。

79. ZPW-2000A 轨道电路调谐单元有哪几种?

答:调谐单元有 1 700 Hz、2 000 Hz、2 300 Hz、2 600 Hz 四种。

80. ZPW-2000A 轨道电路调谐单元的作用是什么?

答:调谐单元与调谐区内其他设备共同形成并联谐振,对本区段频率呈现高阻抗,使本频率的信号便于传输;而对相邻轨道电路的频率产生串联谐振,呈低阻抗,对相邻区段频率产生衰耗。

81. ZPW-2000A 轨道电路电气绝缘节的作用是什么?

答:电气绝缘节由空芯线圈和成对的调谐单元组成,调谐单元安装在29 m 的调谐区两端,空芯线圈安装在调谐区的中央,这三个器材与钢轨的电感共同作用,完成两段闭塞分区的电气隔离。

82. ZPW-2000A 轨道电路采用多少欧姆的分路线?

答:ZPW-2000A 轨道电路在道床电阻为1.0 Ω · km 的轨道区段采用0.15 Ω 标准分路线分路。

83. ZPW-2000A 轨道电路横向连接的分类有哪些?

答:(1)简单横向连接:两根钢轨间的等电位连接,不直接接地(通过防雷元件接地)。

(2)完全横向连接:两根轨道间的等电位连接,并接地。

(3)用于牵引电流返回的横向连接是一个完全横向连接,同时提供达到牵引电流回流线的连接。

84. ZPW-2000A 轨道电路横向连接线应满足的要求是什么?

答:(1)轨道接地须通过完全横向连接实现(单线区段通过空芯线圈中点或扼流变压器中点接地)。

(2)两个完全横向连接的距离不得小于1 500 m,而且中间必须包含不少于两个轨道区段。

(3)如果两轨道电路终端不能通过绝缘节方式完成横向连接时,应通过增设一个空扼流变压器完成。在规定范围内不平衡电流条件下,空扼流变压器的阻抗(轨道电路载频下)不得小于17 Ω。

(4)如果电气绝缘节之间的距离超过100 m,就必须增加一个空扼流变压器完全横向连接。

(5)三条线路,一个横向连接线禁止连接两段同一频率的轨道电路。

(6)横向连接材料采用截面积为70 mm^2带绝缘护套的多股铜

线,线长小于105 m。连接位置:在电气绝缘节终端,连接空芯线圈中心点;在机械绝缘节终端,连接扼流变压器中心点;在区间线路增设的空扼流变压器中心点。

85. ZPW-2000A 轨道电路对分路死区段是如何要求的?

答:在轨道电路最不利条件下,用0.15 Ω标准分路线分路,主轨道无分路死区段。调谐区分路死区段不大于5 m。

86. ZPW-2000A 轨道电路室外设备与贯通地线如何连接?

答:室外箱盒及信号机等所有相关金属设备外壳的安全地线、防雷地线及遮罩地线都应与贯通地线可靠连接,以确保所有金属设备等电位。

87. ZPW-2000A 轨道电路对贯通地线的接续有哪些要求?

答:贯通地线采用的时截面积为25 mm^2铅包铜缆或35 mm^2裸铜缆,铜缆接续宜采用压接或焊接方式,接续部分采用直型热缩套管防护。贯通地线接地电阻不大于1 Ω。

88. ZPW-2000A 轨道电路吸上线的设置应遵循什么原则?

答:(1)钢轨回流必须通过空扼流变压器或空芯线圈等中点与PW保护线、架空回流线、贯通综合地线连接。

(2)两个完全横向连接的距离不应小于1 200 m。

轨道电路区段长度小于1 200 m时,可以通过增加空扼流变压器实现横向连接。

89. ZPW-2000A 轨道电路如何进行防雷保护的?

答:防雷包含两个部分:

(1)是发送端和接收端的“站防雷”,防雷元件设在室内的模拟网络盘内。

(2)对从钢轨引入雷电冲击保护。横向:防雷设在调谐单元、匹配变压器两端;纵向:空芯线圈中心接地或线上路中心线不接地条件下,通过防雷元器件接地。

90. ZPW-2000A 轨道电路在电气化区段对轨道回流和不平衡电流有何要求?

答:ZPW-2000A 轨道电路在电气化区段对轨道回流不大于 1 000 A,不平衡电流不大于 100 A。

91. ZPW-2000A 轨道电路在各种道床电阻和电缆长度条件下的轨道电路极限长度是如何规定的?

答:轨道电路长度见表 2-4-1。

表 2-4-1　各种道床电阻和电缆长度条件下的轨道电路极限长度

序号	道床电阻(Ω·km)	传输电缆长度(km)	轨道电路长度(m)			
			1 700 Hz	2 000 Hz	2 300 Hz	2 600 Hz
1	0.6	10	850	800	800	800
2	0.8	10	1 050	1 050	1 050	1 050
3	1	10	1 500	1 500	1 500	1 460
4	1.2	10	1 750	1 600	1 650	1 600

92. 普速 ZPW-2000A 轨道电路补偿电容有哪几种规格?

答:轨道电路的补偿电容有以下几种规格:1 700 Hz,55×(1±5%)μF;2 000 Hz,50×(1±5%)μF;2 300 Hz,46×(1±5%)μF;2 600 Hz,40×(1±5%)μF。

93. 普速 ZPW-2000A 轨道电路在调整状态下应满足哪些要求?

答:轨道电路在调整状态时,“轨出 1”电压应不小于 240 mV,“轨出 2”电压应不小于 100 mV,小轨道接收条件(XGJ、XGJH)电压不小于 20 V,轨道继电器可靠吸起。

94. 普速 ZPW-2000A 轨道电路在分路状态下应满足哪些要求?

答:轨道电路分路状态在最不利条件下,主轨道任意一点采用0.15 Ω 标准分路线分路时，“轨出 1”分路电压应不大于140 mV，轨道继电器可靠落下，在调谐区内分路时，轨道电路存在死区段。

95. 普速 ZPW-2000A 轨道电路在断轨状态下应满足哪些要求？

答：轨道电路应能实现全程断轨检查，主轨道断轨时，“轨出 1”电压不大于 140 mV，轨道继电器可靠落下；小轨道断轨时，“轨出 2”电压不大于 63 mV，轨道继电器可靠落下。

96. 普速 ZPW-2000A 轨道电路对禁停标志牌的设置有哪些要求？

答：(1)禁停标志牌设置在调谐区外方，距调谐单元中心 1 000～1 200 mm 的位置，距线路中心不小于 2 900 mm、不大于 3 200 mm。

(2)在复线信号点处，禁停标志牌安装在列车反向运行线路的右侧(单线区段反向无信号机时设在线路左侧)。

(3)在单线分割点处，两个禁停标志牌正方向运行设在线路的左侧。

(4)在复线分割点处，两个禁停标志牌正方向运行设在线路左侧，列车反向运行设在线路右侧。

97. 普速 ZPW-2000A 轨道电路调谐区标志样式与作用是什么？

答：Ⅰ型为反方向区间停车位置标，涂有白底色、黑框、黑“停”字、斜红道，标明调谐区长度的反光菱形板标志。

Ⅱ型为反方向行车困难区段的容许信号标，涂有黄底色、黑框、黑“停”字、斜红道，标明调谐区长度的反光菱形板标志。

Ⅲ型用于反方向运行合并轨道区段之间的调谐区或因轨道电路超过允许长度而设立分隔点的调谐区，为涂有蓝底色、白“停”字、斜红道，标明调谐区长度的反光菱形板标志。

以上三种调谐区标志均使用黑白相间的立柱。

98. 客专 ZPW-2000A 型轨道电路调整状态应满足哪些条件?

答:轨道电路在调整状态时,"主轨出"电压不应小于 240 mV,不超过"调整表"规定的电压上限,"小轨出"电压应调整至(155±10)mV,轨道继电器可靠吸起。

99. 客专 ZPW-2000A 型轨道电路分路状态应满足哪些条件?

答:轨道电路分路状态在最不利条件下,"主轨出"电压不应大于 153 mV,轨道继电器可靠落下,在调谐区内分路时,轨道电路存在死区段。

100. 客专 ZPW-2000A 轨道电路对桥上绝缘的设置有什么要求?

答:(1)有护轮轨的区域,在护轮轨区域两端各加装钢轨绝缘一组。

(2)电气绝缘节一般不宜设置在有护轮轨的区域内,必须设置在有护轮轨区域内时,调谐区范围内每根护轮轨必须加装钢轨绝缘一组。

(3)超过 200 m 的护轮轨,每根护轮轨间隔 200 m 必须加装钢轨绝缘一组。

(4)护轮轨与基本轨间以及两护轮轨间不得有电气连接。

101. 客专 ZPW-2000A 型轨道电路的横向连接是如何规定的?

答:两相邻完全横向连接间的距离不得小于 1 200 m、完全横向连接与相邻简单横向连接间的距离不得小于 1 000 m。一段轨道电路内不得设置两个空扼流。

102. 客专站内 ZPW-2000A 型轨道电路的室外设备构成有哪些?

答:调谐匹配单元、空芯线圈、补偿电容、站内匹配变压器、扼流适配变压器。

103. 客专 ZPW-2000A 调谐匹配单元包括哪几部分?

答:客专 ZPW-2000A 调谐匹配单元包括三个功能部分:调谐部分、匹配部分、引接线模拟电感。

104. 客专 ZPW-2000A 型轨道电路调谐匹配单元的作用是什么?

答:调谐匹配单元可看作是 ZPW-2000A 轨道电路中调谐单元(ZPW·T)和匹配变压(ZPW·BPL)的二合一设备,用于轨道电路的电气绝缘节和机械绝缘节处,根据本区段的频率选用。

调谐部分形成相邻区段载频的短路,且与调谐区内钢轨电感(或机械绝缘节处的芯线圈)形成并联谐振,实现相邻区段信号的隔离和本区段信号的稳定输出。匹配部分主要作用实现钢轨阻抗和电缆阻抗的连接,以实现轨道电路信号的有效传输。

105. 客专 ZPW-2000A 横向与贯通接地线连接应满足哪些要求?

答:(1)地线与贯通地线进行 T 形压接或采用焊接,并与贯通地线同深埋设。

(2)完全横向连接处,由构成完全横向连接的扼流或空芯线圈中点接至贯通地线,空芯线圈或扼流中心点与贯通地线用 25 mm^2 铜缆连接,横向连接的中心点之间用 70 mm^2 铜线连接。

(3)在有空芯线圈的简单横向连接处,将空芯线圈中心点与防雷单元用 10 mm^2 铜缆连接,防雷单元与贯通地线应用 25 mm^2 铜缆连接,横向连接的空芯线圈或扼流中心点之间应用 70 mm^2 铜线连接。

(4)没有做横向连接的空芯线圈,中心点用 10 mm^2 铜缆与防雷单元连接,防雷单元与贯通地线连接用 25 mm^2 铜缆。

106. 客专 ZPW-2000A 空扼流变压器的作用是什么?

答:为了降低牵引电流对区间轨道电路的影响,在不大于规定的不平衡牵引电流条件下,其对于轨道电路信号的阻抗不小于17 Ω。

107. 客专 ZPW-2000A 调谐区标志牌如何分类?

答:Ⅰ型(白底黑字黑框斜红道)标志牌设于信号点调谐区的另一端,与区间信号标志牌背对背安装。

Ⅱ型(黄底黑字黑框斜红道)标志牌设于反方向行车困难区段,作为容许信号标。

Ⅲ型(蓝底白字斜红道)标志牌设于分割点调谐区两端,两个Ⅲ型标志牌背对背安装。

108. 牵引接触网的吸上线(CPW 线)与轨道扼流变压器的中心连接板相连时,供电、电务部门如何分工?

答:牵引接触网的吸上线(CPW 线)与轨道扼流变压器的中心连接板相连时,分界点在扼流变压器的中心连接板上:扼流变压器的中心连接板属于电务段管辖及维修;CPW 线的连接板及连接螺栓属于供电段管辖及维修。

109. 轨道电路设备工务、电务部门如何分工?

答:工务部门负责尖轨连接杆、轨距杆、通长垫板、绝缘接头的接头夹板及其螺栓的检查、维修和更换;胶接式绝缘接头由工务部门负责。

电务部门负责轨道绝缘的定期检查,其中对胶接式绝缘接头的绝缘性能每半年进行一次检测,绝缘性能不良的通知工务部门更换。

110. 轨道电路设备工务、电务部门配合作业的一般规定有哪些?

答:(1)在站内或区间更换钢轨绝缘,应由电务部门要点,工务部门配合。胶接绝缘由工务部门要点,电务部门配合。防护工作各自负责。

(2)在高强绝缘接头安装前,工务部门负责检查紧固件是否非标,绝缘夹板螺栓孔周围是否有毛刺及凹凸不平等缺陷,电务部门负责检查绝缘件是否有气泡、裂纹凹陷、变形等缺陷,对存在缺陷的部件严禁安装使用。

(3)工务部门新增设绝缘轨距杆,必须经电务部门进行绝缘测试。

(4)工务部门负责养护维修超偏载仪、轨道衡所在地点的轨道(不含无砟道床),配合车站、设备检修单位和电务部门检修超偏载检测装置和轨道衡。车站、设备检修单位和电务部门配合工务部门在上述地段的线路大维修作业。

(5)在道岔区段进行抬道、改轨距、清筛等线路养护作业时,施工部门必须事先通知电务部门配合(正常维修提前3天,紧急保养应随叫随到),电务部门要积极配合,施工完毕必须对道岔进行扳动试验。

111. 工务、电务部门联合整治高强绝缘(接头)时的方案及标准是什么?

答:工务部门的方案及标准:

(1)绝缘接头处钢轨必须使用工厂生产的标准钢轨,如需截断时将原始端放在接头处。

(2)接头处轨枕无失效,扣件应经常保持齐全、位置正确、作用良好,对缺少的扣件应及时补充。

(3)接头处钢轨轨缝应保持6~8 mm,普通钢轨绝缘接头扣件扭矩保持80~140 N·m。高强绝缘接头螺栓的紧固力为900 N·m(43 kg/m)钢轨接头紧固力为700 N·m。

(4)接头处道床应保持饱满、整齐和清洁,无翻浆冒泥,轨面要求平顺、无低塌接头。

(5)正线上的绝缘接头必须采用高强绝缘或胶接绝缘,无缝线路、无缝道岔必须采用胶接绝缘。

(6)高强绝缘应采用符合标准的绝缘夹板,其表面不允许有裂纹。夹板钢轨侧不得有凸出部分,两端面不应有外层和缩孔的痕迹,缺陷不进行填充或焊补,螺栓孔中心线必须与夹板侧面垂直。

(7)高强绝缘接头紧固件均应采用高强绝缘螺栓和高强度镀锌平垫。

(8)采用的高强绝缘接头紧固件均应符合有关标准中规定的技术要求。

(9)高强绝缘接头螺栓应从钢轨两侧交叉配置,不得从一侧安装。

(10)当钢轨高强绝缘接头螺栓的紧固力达到标准时,不得发生螺栓松扣、垫圈损坏、紧固力保持不住的现象。

电务部门的方案及标准:

(1)高强绝缘接头的绝缘件必须采用尼龙 1010 和增韧尼龙制成的槽型绝缘,采用尼龙 1010 制成的绝缘管和轨端绝缘,采用 3240 环氧酚醛层压玻璃布板制成的高强绝缘垫。

(2)高强绝缘接头采用的绝缘部件均应符合有关标准的技术要求。

(3)安装钢轨绝缘接头时应做到钢轨、槽型绝缘、夹板吻合良好,轨端绝缘安装应与钢轨接头保持平直,绝缘头部不得高于轨面,两者相差不大于 2 mm,高强绝缘垫有凹槽的一面,应靠贴在高强度绝缘钢平垫的一侧,钢平垫的外侧不得增设弹簧垫圈。

(4)为明确检查记录中所对应的每组绝缘,要求电务人员对每个站的绝缘接头进行统一编号,编号的方法如下:

①上行咽喉绝缘编号均为偶数,下行咽喉绝缘编号均为奇数。

②编号的顺序是由站外向站内。

③极性绝缘编号为两侧绝缘号,中间用横线相连,2~4 绝缘编

号之间的极性绝缘。

112. 在轨道电路区段两股钢轨间作业时有哪些要求?

答:(1)使用工具时要注意握牢工具把,防止工具失手撞击轨面。

(2)对已经装设绝缘防护的工具,使用前要认真检查绝缘是否有效。

(3)钢轨连接零件,包括木枕地段的道钉、混凝土枕地段的扣件或其他连接零件,都直接与钢轨相连接。在用撬棍起道钉,或用起道机起道时,撬棍和起道机把的尾端不要接触另一股钢轨及钢轨配件。

(4)清筛道砟用的筛子、铁锹等工具不要放置在轨距杆中部的绝缘处,防止连电。

113. 在轨道电路区段的轨道电路引接线处作业时有哪些要求?

答:(1)在作业中不准随意抛扔工具,以免砸压轨道电路的引接线而造成轨道红光带。

(2)使用捣镐或机械化捣固机进行捣固作业时,要保护好引接线,防止捣镐头或捣固机镐板打坏引接线。

(3)改道作业时,工具不能同时接触引接线和钢轨,更不能使引接线接触钢轨;不准在有引接线的轨枕盒内放置起道机。

(4)在有引接线的轨枕盒中作业时,要注意防止防爬器与轨距杆相接触、防爬器或轨距杆与引接线接触。一般情况下不得将防爬器、轨距杆、引接线安装在同一枕盒内。

(5)更换或方正轨枕时,两人不能同时用撬棍拨动有引接线的轨枕。

防止两根撬棍同时碰上引接线和钢轨。

114. 在轨道电路区段的钢轨绝缘接头处作业时有哪些要求?

答:(1)改道作业时不准在钢轨绝缘两侧同时起道钉。因为道钉下部与轨底接触,冒起后的道钉帽接触夹板,使钢轨绝缘失效。

(2)在绝缘接头处起道或拨道时,不准把起道机放置在钢轨绝缘的下方。

(3)垫冻害垫板和拨道作业时,不准把撬棍放在钢轨绝缘的下方。

115. 在轨道电路区段作业时,防连电的注意事项有哪些?

答:(1)首先要做到熟悉管内线路状态的类型、范围,掌握容易造成连电的部位、制定出相应的防止连电的安全措施。

(2)日常加强对绝缘接头两端线路的防爬锁定,保持绝缘接头轨缝的良好稳定,一般保持在6~10 mm。

(3)在不了解轨道电路状态时,不得在轨道电路区段施工。

(4)抬运钢轨、辙叉等金属物件横过线路时,不准担在两股钢轨上或绝缘接头处。

(5)进行影响轨道电路和信号的作业时,要有电务人员配合并在车站进行登记。

(6)线路上、桥梁上作业或线路上两侧挖沟取土时,要注意防止碰断、碰混电线和电缆。

(7)根据管内轨道电路的情况,经常向参加施工的人员进行防止连电教育,对机具车辆的绝缘装置要经常检查,保持绝缘良好。

(8)要注意防止扣轨梁连电,道口钢筋混凝土板、钢筋头连电;钢轨端部有肥边、突尖连电;道岔配件连电,放置在线路上钢轨、道岔等金属物受振动移动的连电。

116. 轨道电路区段产生轨道电路红光带的情况有哪些?

答:道床排水不畅,过于潮湿,泄漏较大,轨道电路的室内、室外各部位故障均可造成点红光带。两相邻区段的两组钢轨绝缘同时破损或道岔区段的一组道岔绝缘破损以及轨距杆绝缘破损也会

造成红光。此外以下情况均会造成轨道红光带:

(1)由于撬棍没有带防护套,如使用撬棍时不慎将两侧钢轨封连,轨道电路区段将出现红光带。轨道电路区段作业使用的各种工具,要有良好的绝缘装置。

(2)道岔区段钢轨与道岔尖端杆或道岔动作杆、表示杆封连(如另一侧漏电),造成道岔区段红光带。

(3)道岔岔后极性绝缘的两侧(极性绝缘的两侧,其实就是该轨道电路的两极,与线路的两条钢轨没有区别)封连,极性绝缘处钢轨肥边铁屑,造成道岔区段红光带。

(4)机具或线上料等压在箱盒引接线上,发生轨道电路短路故障。

(5)混凝土枕道岔绝缘接头处轨距挡块必须安装绝缘挡块,如果弹条离绝缘夹板较近时,还应在弹条与夹板之间垫上绝缘片,防止因列车振动,弹条接触夹板发生连电。

(6)在道岔岔后过道跳线处打入防爬器,防爬器与跳线相连,相当于跳线与打入防爬器的钢轨直接相连,将轨道电路封连。

(7)使用单轨车时,单轨车在越过钢轨极性绝缘时相当于封连钢轨轨面。

(8)钢轨绝缘轨缝顶死。

(9)在更换高锰钢整铸辙叉时,应检查辙叉趾端及跟端导电销有无脱焊松动现象(易发生轨道电路断路故障),如发现不良应在更换前焊好。

(10)绝缘接头捣固时,要特别注意不得损坏轨端接续线;起道时,起道机应避开绝缘轨缝;起道机在钢轨上滑行时,不得滑过绝缘接头。

(11)拧紧绝缘接头高强度螺栓时,螺栓扳手不要搭在另一节轨端螺栓上。否则当两轨端螺栓都弯曲且与钢轨孔壁接触时,就会在绝缘接头处将轨道电路短路。

(12)扒、填道砟时应注意防止耙子、叉子使引接线(在轨枕盒内通过的)与另一股钢轨封连。

(13)在绝缘接头处改道时,钉头不得与夹板接触。

(14)增设或更换绝缘轨距杆时,应事先经电务部门检查其绝缘程度是否符合要求。

(15)在轨枕有过轨引接线时,不得安装轨距杆或防爬器。

(16)绝缘接头处轨端或钢轨作用边的肥边应及时打磨。

(17)进行抽换附有引接线、跳线的岔枕,更换尖轨、基本轨、辙叉以及调整轨缝等作业时,必须由电务部门配合方能施工。

(18)换轨前,绝缘螺栓孔必须倒棱,防止拉伸受力时损坏绝缘套管发生混电。

(19)复式交分道岔两根曲尖轨为两个极性,日常作业时容易混电;两曲尖轨尖端处为两个极性垫板,距离较近,要注意防止混电。

(20)焊补钢轨时,错误连接使用电焊机地线,会有强大的电流通过钢轨击坏电务设备,发生电路故障。所以在轨道电路区段焊补钢轨、辙叉或其他设备时,必须有电务部门配合,在焊补前由电务人员将该绝缘区段两端的引接线打掉后方可进行焊补作业。

(21)地锚拉杆如果没有绝缘装置,轨道电路电压容易漏泄,易发生红光带故障。所以要求安装地锚拉杆时必须用绝缘轨距杆或在卡铁处安装绝缘套。

(22)钢轨绝缘处扣件不准与接头夹板接触,否则容易引发红光带。

第三部分　供电部分

第一单元　通用知识

1. 什么是电气化铁路?

答:以电力牵引作为主要牵引方式的铁路称为电气化铁路。

2. 电气化铁路由几部分组成?

答:电气化铁路由电力机车、牵引接触网和牵引变电所组成,所以人们又称它们为电气化铁道的“三大元件”。

3. 牵引供电回路由几部分组成?

答:牵引变电所—馈电线—接触网—电力机车—钢轨—吸上线—回流线—牵引变电所构成牵引供电回路。

4. 牵引供电方式主要有哪几种?

答:牵引供电方式主要有直接供电方式、BT 供电方式、AT 供电方式、直供加回流线供电方式等。

5. 什么是感应电?

答:在高强度的电磁场中,如有金属物体或导电性能的物体侵入,会在强电磁场作用下,感应出交变电流,这就是感应电。

6. 什么是感应电压?

答:感应电压是指邻线接触网通过牵引电流时,交变电磁场对停电线路接触网各线索产生的感应电势,其大小与上、下行线路的间距、平行长度有关,同时还与牵引电流的大小有关,当发生短路时影响更大。感应电压是邻线高压电场通过空气介质感应而来，电压可高达数千伏，表现为接触网停电验电时验电器报警、接地线接挂瞬间打火。

7. 感应电对人体的危害有哪些特点？

答：感应电对人体的危害具有以下特点：

(1)带电线路上电压越高，在附近电线路上产生的感应电压越高，危害就越大。

(2)带电线路上通过的交流电越强或电流变化率越大，在附近电线路上产生的感应电动势越高，危害就越大。

(3)两线的平行长度越长，在附近电线路上产生的感应电压也越高，危害就越大。

(4)两线间的距离越近，产生的感应电压越高，危害就越大。

(5)如果感应电压的导线形成了闭合回路或通路，有电流流过。当电流通过人体时，会对人体产生极大的伤害，甚至造成人身伤亡。

8. 消除感应电的措施有哪些？

答：(1)在作业范围两端接挂地线，不得超过规定距离，超过规定距离必须加挂地线。

(2)地线不得有断股、散股和接头，地线透明护套、防潮堵头状态良好，地线杆要保持干燥清洁。

(3)地线连接牢固，接地线前用钢丝刷打磨钢轨，接地极打入地下的距离不少于 0.6 m，并应避开沙土等不良土质。

(4)作业中必须使用滑动地线，开关、分段、分相检修作业必须使用等位线或短接线。

(5)停电线路与其他带电线路上跨、下穿时加挂地线，关节式分相在中性区加挂地线，并在两断口短接封线。

(6)电缆、变压器、电压互感器、电容等设备检修作业前必须进行放电。

(7)作业人员(包括所持的机具、材料、零部件等)与周围带电设备保持足够的安全距离。

(8)工作领导人、监护人、安全员要时刻注意作业人员的动态,使其与邻线带电部位保持规定的安全距离,严禁超出作业范围的任何操作。

(9)作业人员按规定佩戴劳保防护用品。

9. 什么是穿越电流?

答:接触网V停作业,停电线路与不停电线路通过绝缘装置阻隔,但因上、下行钢轨通过车站渡线、道岔及大地相互连通,所以牵引电流通过钢轨回流时,上、下行钢轨均有牵引电流流过。当停电线路的接触网作业挂接地线时,作业区两端的地线将钢轨与接触网并联,在接触网上产生分流,称作“穿越”电流,其大小与接触网、钢轨和大地的电气参数以及电力机车运行位置有关。

10. 什么是扼流变压器?

答:设于电气化区段双轨条轨道电路的钢轨绝缘处,对轨道电路中的信号电流起绝缘作用的一种特殊的变压器。特点是既能将相邻的轨道电路中的信号电流隔开,又可使牵引电流通过它从一个轨道电路区段流向另一轨道电路区段,不致被钢轨绝缘隔断。

11. 扼流变压器的作用是什么?

答:扼流变压器安装于牵引回流与钢轨的连接处,用于导通牵引电流,或安装于区间上、下行轨道电路中平衡牵引电流,使之不影响轨道电路的正常工作。扼流变压器是强电与弱电的结合部分。

12. 吸上线与扼流变压器中性点连接点的检修是如何规定的?

答:吸上线与扼流变压器中性点连接点的检修,不得进行拆卸,防止造成回流回路开路。确实需要拆卸处理时,须采取旁路措施,必要时请电务部门配合。

13. 位于轨道侧的回流装置维修分工是如何规定的?

答:吸上线与扼流变压器连接时,连接板(端子)由电务段负责,连接板(端子)上的螺栓和吸上线由供电段负责。吸上线与钢轨相连接时,吸上线及其与钢轨连接的附件由供电段负责。供电部门作业,必要时工务、电务部门派人配合。

14. 接触网与线路之间的直接影响有哪些?

答:接触网所有几何参数均是以线路中心线和轨平面所组成的直角坐标系为参照的。

(1)线路平面(直线、曲线、缓和曲线)影响接触网的张力、跨距、拉出值、线岔和锚段关节布置。

(2)线路纵断面(平道、坡道、竖曲线)影响导高、坡度、坡度变化率、吊弦长度、分相位置。

(3)路基、桥梁、隧道影响接触网支柱及其基础类型。

15. 接触网与线路之间的间接影响有哪些?

答:(1)线路平面(直线、曲线、缓和曲线)不平顺度影响弓网振动。

(2)线路纵断面(平道、坡道、竖曲线)影响受电弓冲击。

(3)路基、桥梁、隧道影响受电弓动态特性。

(4)桥振动与接触网振动之间的特殊关系,特殊情况下的支柱稳定性。

16. 轨面标准线有何规定?

答:为保证接触网与线路的相对位置,应在接触网支柱的线路侧或站台侧墙、隧道一侧的边墙上标出轨面标准线。

在电气化铁路竣工时,由施工单位标出轨面标准线,开通前由供电、工务单位共同复查确认。有砟轨道每年会同工务部门对轨面标准线复测一次,复测结果与原轨面标准线的误差不得大于

±30 mm。特殊情况需调整轨面标准线时,由供电、工务部门共同确认,并经铁路局批准。供电段负责轨面标准线的日常管理,保持其清晰醒目。

17. 接触网与供变电专业是如何分界的?

答:(1)变电所、AT 所、分区所一般以所亭院墙为分界,所亭院墙以内设备归变电专业管理,院墙以外设备归接触网专业管理。

(2)供电线上网点、分相远动隔离开关均以隔离开关传动杆和机构箱的连接法兰为分界点。分界点以上归接触网专业管理,分界点以下设备包括连接螺栓、控制电缆归变电专业管理。

18. 影响弓网安全运行的几何关系中主要技术参数有哪些?

答:影响弓网安全运行的几何关系中主要技术参数有跨距、拉出值、始触区、无线夹区、导高及其变化率、受电弓有效工作宽度和高度、受电弓动态包络线等。

19. 影响接触网运行维护的外部环境因素有哪些?

答:影响接触网运行维护外部环境因素有风、洪(雨)、雷、冰、污(雾)闪、锈蚀、鸟害、异物、危树等。

20. 接触网异物范围包括哪些?

答:接触网异物主要包括鸟巢、树木枝杈、防尘网、彩钢板、风筝、绳带、铁线、塑料薄膜(布)、塑料袋、彩带、广告布等非牵引供电零部件的软、硬质漂浮物。

21. 大风对接触网会造成什么影响?

答:大风增加线索和支柱的机械负荷,会使接触线产生摆动和振动,使接触悬挂稳定性变差。

22. 覆冰对接触网会造成什么影响?

答:在冬季接触网线索上会有积雪和结冰,称为覆冰。覆冰会增加接触悬挂的机械负荷,接触线覆冰严重时会造成电力机车无法运行。

23. 气温变化对接触网会造成什么影响?

答:根据"热胀冷缩"原理,温度升高会使线索延长、膨胀;相反则会缩短、收缩。线索弛度的变化会造成定位装置、腕臂偏移,补偿装置的 a、b 值发生变化,易造成线索卡滞。线索立体交叉处所还容易造成线索距离缩短,对地距离不足,造成线索互磨或闪络放电。

24. 雷雨、雪、雾天气对接触网会造成什么影响?

答:雷雨容易对接触网绝缘子造成绝缘闪络、损坏,线索断线。雾雪天气,大气中的污秽物较多且不易扩散,污秽严重容易造成绝缘子闪络。雨季要实行降雨量警戒制度、添乘检查制度。

25. 危树、鸟巢对接触网会造成什么影响?

答:危树对接触网设备的影响,倒树造成接触网线索断线,严重影响供电安全。鸟类会在供电支柱、硬横梁、腕臂、补偿下锚等部位筑巢,鸟巢造成接触网停电跳闸的故障时有发生。

26. 跨线桥、上跨电力线对接触网会造成什么影响?

答:天桥及跨线桥跨越接触网的地方,应按规定设置安全栅栏。绝缘护套应在建筑物、构筑物下方的接触网线索上贯通安装且边缘两侧延长 5 m。上跨接触网的电力线路维修不到位,上跨电力线搭在接触网上,会造成接触网断线故障。要求新建跨越铁路的电力线路电压等级不低于 35 kV。

27. 供电系统典型人身伤害事故类型主要包括哪些内容?

答:供电系统典型人身伤害事故类型主要以机车车辆伤害、触电伤害、高处坠落伤害、道路交通事故、机械(起重)伤害、特种设备伤害、有限空间中毒窒息伤害、职业危害、物体打击伤害和坍塌事故伤害为主。

28. 接触网设备统计单位包括哪些?

答:接触网设备统计单位包括运营里程、正线公里、接触网延展公里、接触网换算公里。

(1)运营里程指线路起点至终点之间的距离,为起、终点公里标之差。单位:公里。

(2)正线公里指正线线路的延展长度之和。单位:公里。

(3)接触网延展公里指接触网接触导线长度之和。单位:条公里。

(4)接触网换算公里指将接触网不同设备按照系数换算为线条公里的数量总和。单位:换算条公里。

29. 接触网生产计划包括哪三部分?

答:接触网生产计划包括年度检测、维修计划和月度维修计划三部分。

30. 接触网作业标准化作业程序是什么?

答:接触网作业标准化作业程序包括:

(1)天窗点准备;

(2)点名会;

(3)班前教育;

(4)宣票分工;

(5)安全预想;

(6)工具材料准备;

(7)作业前上线料具管理;

(8)现场作业联系;

(9)驻站要令;

(10)接撤地线;

(11)防护监护;

(12)作业;

(13)撤离作业现场料具管理;

(14)作业结束;

(15)收工会等。

第二单元　接触网设备与结构

模块一　接触网的组成

1. 什么是接触网?

答:接触网是架设在铁路线路上空,向电力机车或动车组供给电能的特殊形式的输电线路。电力机车或动车组受电弓通过与之滑动摩擦接触而受流。

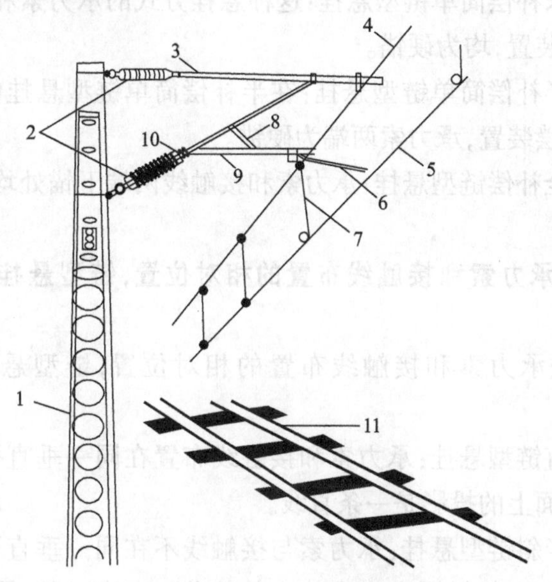

图 3-2-1　接触网组成

1—支柱;2—棒式绝缘子;3—平腕臂;4—承力索;5—接触线;
6—定位器;7—吊弦;8—定位支撑;9—定位管;10—腕臂;11—钢轨

2. 接触网由哪几部分组成?

答:接触网由接触悬挂、支持装置、定位装置、支柱与基础等部分组成。

3. 接触悬挂按其结构不同分为哪两大类?

答:接触悬挂的种类较多,一般根据其结构的不同分成简单接触悬挂和链型接触悬挂两大类。

4. 按承力索和接触线的锚固方式不同,链型悬挂可分为哪三种?

答:按承力索和接触线的锚固方式不同,链型悬挂可分为三种:

(1)未补偿简单链型悬挂:这种悬挂方式的承力索和接触线两端无补偿装置,均为硬锚。

(2)半补偿简单链型悬挂:在半补偿简单链型悬挂中,接触线两端设补偿装置,承力索两端为硬锚。

(3)全补偿链型悬挂:承力索和接触线两端下锚处均装设补偿装置。

5. 按承力索和接触线布置的相对位置,链型悬挂可分为哪三种?

答:按承力索和接触线布置的相对位置,链型悬挂可分为三种:

(1)直链型悬挂:承力索和接触线布置在同一垂直平面内,它们在水平面上的投影是一条直线。

(2)半斜链型悬挂:承力索与接触线不在同一垂直平面内,它们在水平面内的投影有一个较小的偏移。直线区段,承力索位于线路中心的正上方,曲线区段,承力索与接触线之间的连线垂直于轨面连线,承力索不得偏向曲线外侧。

(3)斜链型悬挂:接触线和承力索在水平面上的投影有一个较大的偏移。直线区段,接触线和承力索布置成方向相反"之"字形,曲线区段,承力索对线路中心线向外侧有一个较大的偏移,吊弦的倾斜角较大。

6. 什么是锚段?

答:为满足供电和机械受力方面的需要,将接触网分成若干一定长度且相互独立的分段,这种独立的分段称为锚段。

7. 锚段的作用是什么?

答:(1)设立锚段可以限制事故范围。

(2)设立锚段便于在接触线和承力索两端设置补偿装置,以调整线索的弛度与张力。

(3)设立锚段有利于供电分段,配合开关设备,满足供电方式的需要,可实现一定范围内的停电检修作业。

8. 什么是锚段长度?

答:锚段长度是指接触网相邻两终端间的距离。

9. 什么是锚段关节?

答:两个相邻锚段的衔接部分称为锚段关节。

10. 锚段关节按用途分为哪两种?

答:锚段关节按用途可分为非绝缘锚段关节和绝缘锚段关节两种。

模块二　支柱与基础

1. 支柱按材质分为哪几种?

答:支柱按材质分为预应力钢筋混凝土支柱和钢柱两种。

2. 支柱按外观形状分为哪几种?

答:(1)混凝土支柱分为横腹杆式和环形等径式。

(2)钢柱分为 H 型钢柱、格构式钢柱。

3. 支柱按应用功能分为哪几种?

答:支柱按其在接触网中的作用可分为中间支柱、转换支柱、中心支柱、下锚支柱、定位支柱、道岔支柱、软横跨支柱、硬横跨支柱以及桥梁支柱等。

4. 中间柱使用位置及作用是什么?

答:中间柱在区间和站场都有使用,它仅承受工作支接触悬挂的重力和风作用于悬挂上的水平力。上面仅悬挂一支接触悬挂。

5. 锚柱使用位置及作用是什么?

答:锚柱在锚段关节处或其他接触悬挂下锚的地方采用。承受两个方向的负荷,在垂直线路方向上起中间柱的作用,在平行线路方向上承受接触悬挂下锚的全部拉力。

6. 转换柱使用位置及作用是什么?

答:转换柱位于锚段关节处两锚柱之间,承受接触悬挂下锚、非工作支和工作支的重力和水平力。

7. 中心柱使用位置及作用是什么?

答:在四跨锚段关节位于两转换支柱之间的支柱称为中心柱。它同时承受两工作支接触悬挂的重力和水平力,两工作支接触线在此定位处呈水平(等高)状,且使两支接触线线间距离符合技术要求,电气列车受电弓在此进行锚段转换。

8. 定位柱及道岔柱使用位置及作用是什么?

答:定位柱及道岔柱多用于站场两端,定位接触线拉出值、线岔交叉点符合要求,保证受电弓正常接触取流而专门设置的支柱。

9. 预应力钢筋混凝土支柱是如何表示的?

答:预应力钢筋混凝土支柱,用 H 表示。

例如:$H\ \dfrac{93}{8.7+3.0}$

H 表示钢筋混凝土支柱;93 表示支柱容量(kN·m);8.7 表示支柱露出地面的高度(m);3.0 表示支柱埋入地下的深度(m),使用范围为腕臂支柱。

10. 钢支柱是如何表示的?

答:钢支柱用符号 G 表示。

例如:$G\frac{150-400}{13}$

G 表示钢柱;150 表示垂直线路方向的支柱容量(kN·m),即 150×1 000 N·m;400 表示顺线路方向的支柱容量(kN·m),即 400×1 000 N·m;13 表示钢柱高度(m)。

11. 什么是支柱容量?

答:支柱容量是指支柱所能承受的、支柱不被破坏的最大弯矩。

12. 什么是支柱基础?

答:支柱基础是指埋入地下或大型建筑物之中,用于安装支柱的结构体。

13. 支柱与基础的作用是什么?

答:支柱与基础用以承受接触悬挂、支持和定位装置的全部负荷,并将接触悬挂固定在规定的位置和高度上。

14. 什么是基础帽?

答:钢柱通过埋入在基础当中的螺栓与基础连接,然后再用混凝土封住连接部分,称为基础帽。

15. 什么是支柱侧面限界?

答:接触网支柱的侧面限界是指支柱靠线路一侧在轨面水平面内由接触网支柱内侧缘至线路中心线的水平距离,一般用 cx 表示。支柱侧面限界应符合设计规定,允许偏差$^{+100}_{-60}$ mm,但最小不得小于《铁路技术管理规程》规定的建筑限界值。

16. 什么是跨距?

答:接触网两相邻支柱间的距离称为跨距。

模块三　支持与定位装置

1. 什么是支持装置?

答:支持装置是指用以支持接触悬挂并将其负荷传给支柱或其他建筑物的结构。

2. 支持装置由哪几部分组成?

答:支持装置是包括斜腕臂、平腕臂(拉杆/压管)、悬式绝缘子串、棒式绝缘子及吊挂接触悬挂的设备。

3. 支持装置的作用是什么?

答:支持装置的作用是支持接触悬挂,并将负载传递给支柱。

4. 什么是接触悬挂的结构高度?

答:结构高度是定位点处承力索距接触线的垂直距离,由所确定的最短吊弦长度决定。

5. 接触悬挂的结构高度有何规定?

答:(1)结构高度的标准值为设计值。

(2)标准状态:标准值±50 mm。

(3)警示值:标准值±200 mm。

(4)限界值(以跨距中最短吊弦长度为依据界定)最短吊弦长度不小于 300 mm。

6. 腕臂偏移有何规定?

答:(1)标准值:符合安装曲线要求。

(2)标准状态:标准值±50 mm。

(3)警示值:标准值±100 mm。

(4)限界值:任何情况下不得超过腕臂垂直投影长度的1/3。

7. 什么是定位装置?

答:定位装置是支持结构中的主要组成部分,它是在定位点处实现接触线相对于线路中心进行横向定位的装置。

8. 定位装置由哪几部分组成?

答:定位装置由定位管、定位器、定位线夹及其连接零件组成。

9. 定位装置的作用是什么?

答:定位装置的作用就是根据技术要求,把接触线进行横向定位,保证接触线始终在受电弓滑板的工作范围内,保证良好受流。同时,定位装置还要承担接触线水平负载,并将其传递给腕臂。

10. 拉出值的作用是什么?

答:拉出值的作用主要是使受电弓滑板工作均匀,并防止发生脱弓和刮弓事故。

11. 拉出值的计算公式是什么?

答:拉出值用符号 a 表示,其计算公式为 $a=m+c$,极限情况下拉出值不能大于 450 mm。其中,m 表示接触线在轨面投影点距线路中心的距离;c 表示电力机车受电弓滑板中心在轨面垂直投影点距线路中心的距离。

12. 接触线定位方式主要分为哪几种?

答:接触线定位主要分为正定位、反定位、软定位、双定位、单拉手定位等。

13. 软横跨由哪几部分组成?

答:软横跨主要包括支柱、横向承力索(双横承力索)、上部固定绳、下部固定绳、直吊弦等。

14. 软横跨分为哪两种?

答:软横跨分为绝缘软横跨和非绝缘软横跨两种,目前我国主要采用绝缘软横跨。

15. 软横跨中横向承力索的作用是什么?

答:横向承力索是软横跨的主要构件,承受各股道纵向接触悬挂的全部垂直负载,材料选用 GJ-70,在股道数较多(大于五股道)

或负载较大时，采用两根 GJ-70，称为双横承力索，为了减小横承力索中的张力，降低对支柱容量的要求，横承力索一般有较大弛度。

16. 软横跨中上、下部固定绳作用是什么？

答：在横向承力索下方布置有上、下部固定绳。上部固定绳的作用是固定各股道的纵向承力索，并将纵向承力索的水平负载（如风力、曲线力等）传递给支柱。下部固定绳的作用是固定定位器，以便对接触线按技术要求定位，并将接触线水平负载传递给支柱。由于上、下部固定绳承受水平力，负载不大，材料多用 GJ-50。

17. 硬横跨从结构上分为哪两类？

答：硬横跨从结构上分为吊柱硬横跨和定位索硬横跨，吊柱硬横跨主要由硬横梁和吊柱组成，接触悬挂通过腕臂装置固定在吊柱上，定位索硬横跨主要由硬横梁和上、下部定位绳组成。硬横跨的优点是，机械上和电气上相互独立，结构稳定，抗风能力强，寿命长。

模块四　接触悬挂与绝缘子

1. 接触悬挂由哪几部分组成？

答：接触悬挂由接触线、承力索、吊弦、补偿装置及连接零件组成，其作用是将从牵引变电所获得的电能输送给电力机车。

2. 接触线按材质分为哪几种？

答：接触线按材质分为钢铝接触线、铜及铜合金接触线等。

3. 接触线的型号主要分为哪几种？

答：按照线材的截面积接触线主要分为 85 mm^2、110 mm^2、120 mm^2、150 mm^2 等。

4. 什么是接触线坡度？

答：工作支接触线相邻悬挂点高度变化称为接触线坡度。

5. 承力索的作用是什么？

答：承力索的作用是通过吊弦将接触线悬挂起来。要求承力索能够承受较大的张力和具有抗腐蚀能力，并且在稳定变化时弛度变化较小。

6. 承力索按材质分为哪几种？

答：承力索按材质分为钢承力索、铜及铜合金承力索、铝包钢承力索等。

7. 承力索型号主要分为哪几种？

答：按照线材的截面积承力索主要分为 70 mm^2、100 mm^2、120 mm^2等。

8. 承力索磨耗及损伤有何规定？

答：(1)承力索损伤后不能满足该线通过的最大电流时，若是局部损伤，可以加电气补强线，若是普遍损伤则应更换。

(2)承力索损伤后不能满足规定的机械强度安全系数时，若是局部损伤，可以加补强线或切除损坏部分重新接续，若是普遍损伤则应更换。

(3)承力索在悬吊滑轮处应转动灵活、无卡滞，悬吊滑轮与线索相匹配。

(4)承力索在承力索座、悬吊滑轮等处悬吊固定时，应加装与承力索材质匹配的预绞丝护线条。

9. 一个锚段内，承力索接头和断股补强的总数量有何规定？

答：一个锚段内，承力索接头和断股补强的总数量应符合以下规定(不包括分段及下锚接头)。标准值:0 处。标准状态:0 处。警示值:2 处。限界值:4 处。

承力索的接头距悬挂点应不小于 2 m，同一跨距内不允许有两个接头。

10. 接触网线索机械强度安全系数有何规定？

答：(1)铜或铜合金接触线在最大允许磨耗面积 20% 的情况下，其机械强度安全系数不应小于 2.0。

(2)承力索的机械强度安全系数不应小于:

①铜或铜合金绞线2.0。

②钢绞线3.0。

③钢芯铝绞线、铝包钢和铜包钢系列绞线2.5。

(3)软横跨横向承力索的机械强度安全系数不小于4.0,固定绳的机械强度安全系数不应小于3.0。

(4)供电线、加强线、正馈线、回流线等接触网附加导线的机械强度安全系数不应小于2.5。

11. 什么是附加导线?

答:附加导线系指接触悬挂以外的架空导线,包括供电线、加强线、正馈线、回流线、保护线、架空地线、架空避雷线等。

12. 附加导线对地面及相互距离的最小值有何规定?

答:附加导线对地面及相互距离的最小值(mm),见表3-2-1。

表3-2-1　附加导线对地面及相互距离的最小值　　单位:mm

序号	有关情况		供电线、正馈线、加强线	保护线、回流线、架空地线、架空避雷线
1	导线在最大弛度时距地面的高度	居民区及车站站台处	7 000	6 000
		非居民区	6 000	5 000
		车辆、农业机械不能到达的山坡、峭壁和岩石	5 000	4 000
2	导线距离峭壁、挡土墙和岩石	无风时	1 000	500
		计算最大风偏时	300	75
3	导线跨越铁路时	跨越非电化股道(对轨面)	7 500	7 500
		跨越不同回路电气化股道(对承力索或无承力索时对接触线)	3 000	2 000

续上表

序号	有关情况		供电线、正馈线、加强线	保护线、回流线、架空地线、架空避雷线
4	不同相或不同供电分段两导线悬挂点间距离	两线水平排列	2 400	—
		导线垂直排列,上方为供电线,下方为供电线或回流线	2 000	—
5	与建筑物间的最小距离	最大弛度时最小垂直距离	4 000	2 500
		边导线最大风速时最小水平距离	3 000	1 000

13. 吊弦的作用是什么?

答:吊弦是链型悬挂的重要组成部件之一,接触线通过吊弦悬挂在承力索上,调节吊弦的长度可以保证接触悬挂的结构高度和接触线距轨面的工作高度,增加了接触线的悬挂点,从而改善接触悬挂的弹性,提高电力机车受电弓的受流质量。

14. 转换柱处绝缘子串有何规定?

答:转换柱处绝缘子串距悬挂点的距离符合设计要求,允许偏差±50 mm。承力索、接触线两绝缘子串上下应对齐,允许偏差±100 mm。

15. 接触网线岔的作用是什么?

答:接触网线岔的作用为保证运行的受电弓安全平滑地由一支接触线过渡到另一股道接触线,达到转换线路的目的。

16. 接触网线岔分为哪两类?

答:接触网线岔分为交叉线岔和无交叉线岔。

17. 线岔是如何进行编号的?

答:线岔的编号应以其所在的道岔编号命名。

18. 什么是中心锚结?

答:在锚段的适当位置将接触悬挂固定,这种固定装置称为中心锚结。

19. 中心锚结的布置原则是什么?

答:在两端装有补偿器的锚段里,必须加设中心锚结,其布置原则是尽量使中心锚结两端张力相等,直线区段中心锚结设在锚段中部;曲线区段且曲线半径相同的整个锚段仍设在锚段中部;当锚段处于直线和曲线共有区段且曲线半径不等时,应设在靠曲线多、半径小的一侧。

20. 中心锚结的作用是什么?

答:(1)缩小事故范围,便于事故抢修和缩短抢修时间。

(2)两端补偿时防止线索向一侧窜动。

21. 中心锚结按作用分为哪两种?

答:中心锚结按作用分为防断和防窜两种。

22. 绝缘子按结构形式分为哪三类?

答:绝缘子按结构分为悬式绝缘子、棒式绝缘子及针式绝缘子三大类。

23. 绝缘子按材质分为哪三类?

答:绝缘子按材质不同分为瓷质绝缘子、钢化玻璃绝缘子、复合绝缘子。

24. 绝缘子的作用是什么?

答:绝缘子在接触网中起着电气绝缘和承载机械负荷的双重作用。

25. 什么是干闪电压?

答:干闪电压指绝缘子表面干燥状态时,使其表面闪络所需的最低电压。

26. 什么是湿闪电压?

答:湿闪电压指雨水降落方向与水平面呈45°角淋在绝缘子表面时,使其闪络的最低电压值。

27. 什么是击穿电压?

答:击穿电压指绝缘子绝缘元件被击穿损坏而失去绝缘作用的最低电压。

28. 什么是绝缘子泄漏电流?

答:绝缘子的泄漏电流是指运行电压下受污表面受潮后流过绝缘子表面的电流。它是运行电压、气候(大气压力、温度、湿度等)、污秽三要素综合作用的结果,是表征绝缘子绝缘特性的动态参数。

29. 绝缘子防污应采取哪些措施?

答:(1)采用防污绝缘子。

(2)采用半导体釉绝缘子。

(3)采用复合绝缘子。

(4)在绝缘子表面涂抹憎水性油脂。

(5)增大爬距。

30. 绝缘部件的清扫周期有何规定?

答:绝缘部件清扫周期如下:

(1)Ⅰ、Ⅱ级污秽等级区段:3年。

(2)Ⅲ级及以上污秽等级区段:1年。

(3)分段、分相绝缘器:6个月。

特殊处所应缩短周期,适时安排清扫。潮湿隧道的绝缘部件参照Ⅲ级及以上污秽等级管理。

31. 绝缘部件的泄漏距离有何规定?

答:0、Ⅰ、Ⅱ级污秽等级区域,接触网绝缘泄漏距离不小于1 400 mm;Ⅲ、Ⅳ级污秽等级区域,接触网绝缘泄漏距离不小于

1 600 mm。供电线、正馈线、加强线、电缆终端、接触悬挂下锚、软横跨接地侧、隔离开关绝缘子及分束供电的分段处绝缘子泄漏距离不小于1 600 mm。在海拔超过1 000 m的地区,上述泄漏距离应按规定增大。

32. 接触网空气绝缘间隙有何规定?

答:接触网空气绝缘间隙见表3-2-2。

表3-2-2　接触网空气绝缘间隙

序号	项目	正常情况下最小值(mm)
1	接触线、承力索、供电线、加强线、正馈线等带电部分至固定接地体的间隙	300
2	接触网带电部分至机车车辆或装载货物的间隙	350
3	接触线、承力索、供电线、加强线、正馈线等带电部分至跨线建筑物的间隙	500
4	受电弓振动至极限位置和导线被抬高的最高位置距接地体瞬间的间隙	200
5	25 kV带电绝缘子接地侧裙边距接地体的间隙	100
6	43.3 kV绝缘间隙(关节式分相)	400
7	50 kV绝缘间隙(AT区段正馈线与接触网间)	540

注:(1)当海拔高度超过1 000 m时,上述距离应按海拔修正系数进行修正。

(2)回流线、保护线、架空地线、架空避雷线距固定接地体或桥梁及隧道壁的正常情况下最小距离150 mm。

33. 绝缘部件的机械强度安全系数有何规定?

答:绝缘部件的机械强度安全系数应不小于:

(1)瓷及钢化玻璃悬式绝缘子(受机电联合负载时抗拉)2.0。

(2)瓷棒式绝缘子(抗弯)2.5。

(3)针式绝缘子(抗弯)2.5。

(4)合成材料悬式绝缘子及绝缘元件(抗拉)5.0。

(5)合成材料棒式绝缘子(抗弯)2.5。

模块五　分段、分相绝缘装置

1. 分段绝缘器的作用是什么?

答:分段绝缘器的作用是对同相电接触网进行绝缘分段。

2. 分段绝缘器安装在什么位置?

答:分段绝缘器一般安装在车站的装卸线,上、下行渡线和机车整备线,配合隔离开关使用。

3. 恶劣天气下分段绝缘器有何要求?

答:分段绝缘器不应长时间处于对地耐压状态。雨、雪、雾、霾、冻雨等恶劣天气下,起电分段作用的隔离开关严禁处于分闸状态。隔离开关应在作业开始前 30 min 内断开,在作业间歇时间大于 30 min 时应闭合,继续作业时再断开,作业结束后应及时闭合。

4. 分段绝缘器通过速度有何规定?

答:分段绝缘器通过速度不得超过 120 km/h。

5. 分段绝缘器空气绝缘间隙有何规定?

答:分段绝缘器空气绝缘间隙不小于 300 mm。

6. 分段绝缘器主绝缘有何规定?

答:分段绝缘器主绝缘应完好,其表面放电痕迹应不超过有效绝缘长度的 20%,主绝缘严重磨损应及时更换。

7. 分段绝缘器偏移值有何规定?

答:分段绝缘器应位于受电弓中心,一般情况下偏差不超过 100 mm。

8. 分段绝缘器负弛度有何规定?

答:分段绝缘器相对相邻两侧吊弦有 5~15 mm 的负弛度。

9. 分段绝缘器与轨面连线有何规定?

答:分段绝缘器滑道底面应平行于轨面,最大偏差不超过 10 mm。

10. 分相按其实现方法分哪两种?

答:分相按其实现方法分为器件式分相绝缘器和锚段关节式分相绝缘器。

11. 什么是分相绝缘器?

答:分相绝缘器是牵引变电所向接触网馈送不同相位电源的电气分段。

12. 分相绝缘器的作用是什么?

答:分相绝缘器的作用是将接触网上不同相位的电源隔离开,以免发生相间短路,并起机械连接作用,使接触网成为一个整体。

13. 分相一般设置在什么位置?

答:分相一般设在两供电臂连接的地方,如变电所、亭及局界等处。

14. 分相绝缘器通过速度有何规定?

答:分相绝缘器通过速度不得超过 120 km/h。

15. 分相绝缘器主绝缘有何规定?

答:分相绝缘器主绝缘应完好,其表面放电痕迹应不超过有效绝缘长度的 20%。主绝缘严重磨损应及时更换。

16. 分相绝缘器偏移有何规定?

答:分相绝缘器应位于受电弓中心,一般情况下偏差不超过 100 mm。

17. 分相绝缘器与轨平面有何规定?

答:分相绝缘器滑道底面应平行于轨面连线。

18. 分相绝缘器负弛度有何规定?

答:双线区段,在列车运行方向为 1‰的上升坡度;单线区段,为(50±10)mm 的负弛度。

模块六 隔离开关与电连接

1. 隔离开关按用途分为哪两种?

答:隔离开关按其用途分为带接地刀闸和不带接地刀闸两种。

2. 隔离开关按操作次数分为哪两种?

答:隔离开关按操作次数分为经常操作和不经常操作两种。

3. 隔离开关按结构分为哪两种?

答:隔离开关按结构分为单极隔开和双极隔开。

4. 隔离开关按操作机构分为哪两种?

答:隔离开关按操作机构分为手动隔离开关和电动隔离开关。

5. 隔离开关一般装设在什么位置?

答:隔离开关一般装设在车站两端(或长大隧道、长大桥梁两端)、车站装卸线、专用线、机车整备线、电力机车库线、绝缘锚段关节、分相等处需要进行电分段的地方。

6. 隔离开关的型号是如何表示的?

答:隔离开关的型号表示形式如下:[1] [2] [3]-[4] [5]/[6]

其表示意义:

[1]——产品字母代号,用 G 表示;

[2]——安装场所代号,用 N、W 表示户内、户外;

[3]——设计序列顺序号,用数字 1,2,3,…表示;

[4]——额定电压(kV);

[5]——其他标志,如带接地闸刀时用 D,改进型产品用 G;

[6]——额定电流(A)。

如 GN2-35D/600 型,即指 35 kV、600 A、带接地闸刀、2 系列户内隔离开关。

7. 隔离(负荷)开关触头有何规定?

答:隔离(负荷)开关触头接触面应平整、光洁无损伤,并涂以导电介质。触头间接触紧密,接触压力均匀,用0.05 mm×10 mm的塞尺检查,线接触为0 mm,面接触不大于4 mm。

8. 隔离(负荷)开关引线和连接线有何规定?

答:引线和连接线的截面与开关额定电流及所连接接触网当量截面相适应,引线连接良好且不得有接头。引线及连接线应连接牢固接触良好,无破损和烧伤。当接触悬挂受温度变化偏移时,引线的长度应保证有一定的活动余量并不得侵入限界,引线摆动到极限位置对接地体的距离不小于350 mm。

9. 电连接的作用是什么?

答:电连接的作用是保证接触网各导线、各分段或各股道悬挂之间的电流畅通。

10. 电连接按其使用位置分为哪两种?

答:电连接按使用位置不同分为横向电连接和纵向电连接。

11. 纵向电连接按安装位置分哪几种?

答:纵向电连接按安装位置分为股道电连接、道岔电连接、锚段关节电连接、隔离开关电连接、避雷器电连接等类型。

12. 电连接安装位置允许偏差有何规定?

答:电连接安装位置允许偏差±500 mm。

13. 对电连接线夹最高允许使用温度有何规定?

答:各种材质的电连接线夹最高允许使用温度不得超过以下规定:铜质为95 ℃,铝青铜合金为125 ℃,铜镍硅合金为150 ℃,铝质为80 ℃,铝镁硅合金为125 ℃、其余铝合金为90 ℃,钢质为125 ℃。

模块七　补偿装置

1. 什么是下锚?

答:接触线(承力索)端头同支柱的连接称为线索的下锚。下锚分两种,一种是将线索端头同支柱直接固定连接,称为硬锚或死锚;另一种是加装补偿装置,调整线索的张力和弛度。

2. 补偿装置分为哪几种?

答:补偿装置分滑轮补偿装置、弹簧补偿装置、棘轮补偿装置。

3. 滑轮补偿装置由哪几部分组成?

答:滑轮式补偿装装置由补偿滑轮(滑轮组)、补偿绳、杵环杆、坠砣杆、坠砣、连接零件组成。

4. 滑轮补偿装置传动比分为哪几类?

答:滑轮补偿装置传动比主要分为1∶2传动比,1∶3传动比,1∶4传动比三种。

5. 补偿装置的作用是什么?

答:当温度变化时,线索热胀冷缩出现伸长或缩短,在下锚处坠砣串重力的作用下,自动调节线索的张力并保持线索弛度满足要求。

6. 什么是补偿装置的 *a*、*b* 值?

答:(1)坠砣杆耳环孔中心至补偿(定)滑轮下沿的距离为 *a* 值。

(2)坠砣串最下面一块坠砣的底面至地面(或基础面)的距离称为补偿器的 *b* 值。

(3)极限温度时,*a*、*b* 值不小于 200 mm。

7. 坠陀分为哪几种?

答:坠砣分为铁坠砣、混凝土坠砣、复合坠陀。

8. 坠陀的作用是什么?

答:坠砣的作用是平衡接触线和承力索的张力,即使补偿线索保持恒定的张力。

9. 对棘轮补偿装置有什么要求?

答:(1)棘轮补偿装置安装正确,棘轮本体无裂纹、变形,转动灵活无卡滞(人力用手托动坠砣能上下自由移动)。

(2)对需要加注润滑油的棘偿滑轮,应按产品规定的期限加注润滑油,没有规定者至少3年一次。

(3)制动装置作用良好,制动卡块到大轮轮齿间的距离符合设计要求。

(4)平衡轮与棘轮的间距不小于500 mm。

(5)棘轮大小轮转动灵活,轮槽上下偏斜不得大于5 mm。

10. 对弹簧补偿装置有什么要求?

答:(1)弹簧补偿装置刻度牌与环境温度相对应,补偿绳伸缩长度符合设计要求。

(2)弹簧补偿器本体安装牢固,位置符合设计要求。本体无裂纹、变形,与下锚方向在同一直线上。

(3)补偿绳位于渐开线轮槽正中,不得偏磨,不得有松股、断股和接头。

(4)弹簧补偿装置各零部件安装正确。

模块八　避雷器

1. 接触网防雷装置由哪几部分组成?

答:防雷装置通常由避雷线、避雷器、引下线和接地装置组成。

2. 避雷器安装在什么位置?

答:在电化区段,中雷区或重雷区、绝缘关节、所亭出线、长大桥或隧道口等处设置避雷器,作为接触网过电压保护。

3. 常用避雷器有哪些?

答:常用避雷器有管型避雷器、角隙避雷器、氧化锌避雷器等。

4. 对避雷器及支持绝缘子有什么要求?

答:避雷器及支持绝缘子应呈竖直状态,倾斜角度不超过2°。表面清洁,安装牢固,无裂纹、破损及放电痕迹。

5. 对避雷器引线有什么要求?

答:避雷器引线无烧伤、断股。至高压侧引线的张力应适宜,不应使连接端子受到超出允许的外加应力。极限条件下，高压侧引线对接地体之间的距离大于 350 mm。

6. 对脱离器有什么要求?

答:脱离器状态良好，无破损、裂纹。安装位置应满足动作后，引线不侵入限界并与带电体保持足够的绝缘间距。

7. 对动作计数器有什么要求?

答:动作计数器完好，一般安装在距离地面 2 m 为宜，具备在线泄漏电流监测功能。

模块九　接触网保安装置与标识

1. 接触网"高压危险标"安装在什么位置?

答:在站台及未封闭线路的接触网支柱上距轨面 2.5 m 高的处所，以及安全挡板、细孔网栅和跨线桥防护网栅均应设置白底、黑字、红色闪电符号的"高压危险"警示标识。

2. 接触网"安全作业标"安装在什么位置?

答:接触网"安全作业标"安装在装卸线、电力机车整备线、上水线等两侧分段绝缘器内侧 2 m，距线路中心 3.5 m 处。

3. 分相处有哪些标识牌?

答:分相处有"断(T 断)""合""禁止双弓""动车合""机车合"等标识牌。

4. 接触网故障区段应设置哪些标志牌?

答:接触网故障区段应设置"准备降弓""降(T 降)""升"等标识牌。

5. 限界门设置在什么位置?

答:在机动车辆通过的平交道口处铁路两侧的公路上，应设置限界门。限界门应设在沿公路中心线距最近铁路线路中心不小于 12 m 的地方。限界门主要建于一些货场和专用线路。限界门的宽度不得小于平交道口处公路路面的宽度,限界门的下缘距地面的高度为 4.5 m,限界门框柱涂以警示色标。

6. 号码牌安装位置与编号原则是什么?

答:每根接触网支柱上均应安装反光号码牌。每个区间、车站、隧道均应分别单独编号,上行双号、下行单号,编号方向与线路公里标方向一致。

7. 标识和揭示牌有何规定?

答:各种标识和揭示牌应完整无损、安装牢固、字迹清晰、便于瞭望,不得侵入限界,与行车有关的标识一般应设于列车运行方向的左侧。

8. 如何显示降弓、升弓手信号?

答:(1)降弓手信号。

昼间:左臂垂直高举,右臂前伸,并左右水平重复摇动。

夜间:白色灯光上下左右重复摇动。

(2)升弓手信号。

昼间:左臂垂直高举,右臂前伸,并上下重复摇动。

夜间:白色灯光作圆形转动。

9. 如何显示停车手信号?

答:显示停车信号时,站在列车运行方向左侧,迎向列车。

昼间:左臂平举,展开红色信号旗。昼间无信号旗时,两臂高举头上向两侧急剧摆动。

夜间:红色灯光,高度与肩平齐。夜间无红色灯光时,用白色灯光上下急剧摆动。

第三单元　接触网检测与分析

1. 什么是接触网检测?

答:检测是指利用仪器、设备或人工等方式,对接触网进行检查测量,掌握设备质量及运行状态的过程。包含监测、静态与动态检测、检查、零部件检验四部分。

2. 什么是接触网监测?

答:监测是对接触网外观、零部件状态、主导电回路、绝缘状况、外部环境和弓网配合等运行状态进行监视测量的过程,分为移动视频监测和定点监测两种方式。

3. 接触网移动视频监测装置有哪些?

答:利用安装在检测车辆、机车或动车组上的监测设备对接触网进行外观检查。主要包括接触网安全巡检装置(2C)、车载接触网运行状态检测装置(3C)、接触网悬挂状态检测监测装置(4C)。

4. 接触网定点监测装置有哪些?

答:利用安装在接触网关键处所、特殊地点的监测设备,监测列车通过时接触网或受电弓状态,接触网设备的绝缘状态、温度、位移变化,以及外部环境是否存在异常。主要包括受电弓滑板监测装置(5C)、接触网及供电设备地面监测装置(6C)。

5. 接触网安全巡检装置(2C)的监测周期和内容是什么?

答:(1)周期:10 天。

(2)主要内容:监测接触网设备有无明显脱、断、偏移及其他异常情况,有无鸟巢、危树等可能危及接触网供电的周边环境因素,有无侵入限界、妨碍机车车辆运行的障碍等。

6. 车载接触网运行状态检测装置(3C)的监测周期和项目是什么?

答:(1)周期:实时或定期。

(2)项目:

①接触线动态拉出值、高度、接触线的相互位置。

②燃弧次数、燃弧时间、燃弧率。

③接触网温度。

7. 受电弓滑板监测装置(5C)的监测周期和内容是什么?

答:(1)周期:实时或定期。

(2)主要内容:监测受电弓有无异常状态。

8. 接触网及供电设备地面监测装置(6C)的监测周期和内容是什么?

答:(1)绝缘部件状态监测。Ⅲ、Ⅳ污秽等级区段应建立领示点,优先采用在线实时监测装置。

周期:①在线监测装置:实时。

②其他方式监测:6个月。

主要内容:监测领示点绝缘部件附盐密度或泄漏电流。

(2)主导电回路电气节点监测。优先采用在线实时监测装置。

周期:①在线监测装置:实时。

②示温贴片监测:利用全面检查、步行巡视等方式确认。

③利用紫外成像仪监测电缆终端或中间接头状态(有条件时):12个月。

④利用红外热像仪测量电气节点接触状态(有条件时):12个月。

主要内容:①监测供电线(加强线、捷接线、正馈线)接续点、电连接线夹、隔离开关设备线夹及触头、吸上线接续点、电缆终端或中间接头等有无过热现象。

②利用红外热像仪监测电气节点状态，应选择在被测点有持续负荷电流时进行。

③利用示温贴片监测电气节点状态时，示温贴片应保持清洁，粘贴位置应能够准确反映线夹温度变化并宜于地面观察。

9. 什么是接触网静态检测？

答：静态检测是指利用运行检测车辆在接触网静止状态下进行非接触式测量，或人工使用仪器、工具测量接触网技术状态。

10. 接触网静态检测的周期和项目是什么？

答：（1）周期：6 个月。

项目：①线岔。

②自动过分相地面磁感应器。

（2）周期：12 个月。

项目：①接触线几何参数（接触线拉出值、跨中偏移值、接触线高度、接触线坡度）。

②绝缘锚段关节、关节式分相。

③轨面标准线。

（3）周期：36 个月。

项目：①非绝缘锚段关节。

②补偿装置。

（4）周期：60 个月。

项目：接地电阻。

（5）不定期检测项目：对动态检测超限处所进行静态复核、确认。

11. 什么是接触网动态检测？

答：动态检测是指利用弓网综合检测装置（1C）、车载接触网运行状态检测装置（3C）等手段，测量接触网技术状态及弓网接触取流状态。

12. 接触网检查分为哪四种?

答:接触网检查分为巡视检查、全面检查、单项设备检查和非常规检查。

13. 接触网巡视检查分为哪两种?

答:接触网巡视检查分为步行巡视检查和登乘巡视检查。

14. 步行巡视检查的主要内容是什么?

答:步行巡视检查的主要内容:

(1)有无侵入限界、妨碍列车运行的障碍。

(2)各种线索(包括供电线、正馈线、加强线、回流线、保护线、架空地线、吸上线和软横跨线索等)、零部件、各种供电附属设施等有无烧损、松脱、偏移等情况。

(3)补偿装置有无损坏,动作是否灵活。

(4)绝缘部件(包括避雷器、电缆终端)有无破损和闪络。

(5)吸上线及各部地线的连接是否良好。

(6)支柱、拉线与基础有无破损、下陷、变形等异常。

(7)限界门、安全挡板或网栅、各种标识是否齐全、完整。

(8)自动过分相地面磁感应器有无缺损、破裂或丢失。

(9)有无因塌方、落石、山洪水害、施工作业及其他周边环境等危及接触网供电和行车安全的现象。

15. 登乘巡视检查的周期和主要内容是什么?

答:登乘巡视检查

(1)周期:需要时。

(2)主要内容:接触网状态及外部环境,有无侵入限界、妨碍列车运行的障碍,有无因异物、落石、山洪水害、施工作业及其他周边环境等危及接触网供电和行车安全的现象。绝缘部件有无闪络放电现象以及电力机车、动车组受电弓取流情况。

16. 接触网全面检查的周期和主要内容是什么?

答:全面检查

(1)周期:36 个月。

(2)主要内容:

①无法或不易通过监测、检测或其他检查手段掌握设备运行状态的所有项目,如接触悬挂、定位支撑装置、支柱(含拉线)和基础、附加悬挂、接地装置、标识等螺栓是否齐全,有无松脱现象,零部件安装方式是否正确、有无裂纹、变形、烧伤,线索有无锈蚀、散股、断股、烧伤等。

②重点处所的附加导线对地距离及线索、引线、接触悬挂间距测量,接触线重点磨耗测量,高压电缆绝缘测试。

③利用接触网作业车检测受电弓检查动态包络线。

17. 接触网单项设备的检查周期和项目是什么?

答:单项设备检查周期和项目:

(1)6 个月检查 1 次的项目:

①分段绝缘器。

②分相绝缘器。

③远动隔离开关及其操作机构。

(2)12 个月检查 1 次的项目:

①避雷装置(雷雨季节前,含接地电阻测量)。

②远动隔离开关。

③高压电缆及附件。

18. 什么是非常规检查?

答:非常规检查是指在特殊情况下进行的状态检查。一般用于在接触网发生跳闸、故障或出现极端天气气候条件和灾害后,对相应接触网设备状态变化、损伤、损坏情况进行检查。非常规检查的范围和手段根据检查目的确定。

19. 接触网设备运行状态用哪三种量值来界定?

答:根据检测结果,对设备的运行状态用标准值、警示值和限界值三种量值来界定。

20. 什么是标准值?

答:标准值为标准状态目标值,一般根据设计值确定。

21. 什么是警示值?

答:警示值为运行状态提示值,一般根据设备技术条件允许偏差来确定。

22. 什么是限界值?

答:限界值为运行状态安全临界值,一般根据计算或运行实践来确定。

23. 什么是标准状态?

答:标准状态是设备最佳运行状态,一般根据施工允许偏差确定。

24. 什么是一级缺陷?

答:一级缺陷:达到或超出限界值。

25. 什么是二级缺陷?

答:二级缺陷:达到或超出警示值且在限界值以内。

26. 什么是一级修?

答:一级修(临时修)是为了使设备状态保持在限界值以内,对导致接触网功能障碍的缺陷、故障立即投入、无事先计划的临时性维修。主要包括一级缺陷的临时性修理、危及接触网供电周边环境因素处理、导致接触网功能障碍的故障修复(必要时采取降弓、限速、封锁等处置措施)。

27. 什么是二级修?

答:二级修(综合修)是为了使设备状态保持在警示值以内,对定期检测发现的缺陷进行有组织、有计划地维修,以及设备全面维护保养。主要包括二级缺陷集中修理和设备全面维护保养(必要的防腐和注油等)。二级修(综合修)可结合全面检查进行,或根据缺陷情况有计划地安排。

28. 什么是分析诊断?

答:分析诊断是根据接触网检测结果,判断设备运行状态、判定缺陷等级,为维修提供依据。分析诊断包括即时分析诊断、定期分析诊断。

29. 什么情况下立即进行即时分析诊断?

答:检测监测设备报警或发生危及行车信息时,应立即进行即时分析诊断。

30. 接触网设备质量评价等级是如何划分的?

答:接触网设备质量评价等级分为优良、合格、不合格三种。总扣分 $t<10$ 为优良,$10\leqslant t<40$ 为合格,$t\geqslant 40$ 为不合格。

31. 接触网运行质量分析报告主要包括哪些内容?

答:接触网运行质量分析报告主要内容包括:

(1)检测、维修计划完成情况。

(2)检测、维修及设备运行中发现的具体问题。

(3)产生问题的原因分析及采取的措施。

(4)接触网质量状态的变化规律和趋势。

第四单元　普速铁路接触网

1. 普速铁路接触网电压有何规定?

答:普速铁路接触网额定电压为 25 kV,最高工作电压为 27.5 kV,短时(5 min)最高工作电压为 29 kV,最低工作电压为 19 kV。

2. 普速接触网维修分为哪两级修程?

答:普速铁路接触网维修分为一级修(临时修)和二级修(综合修)两级修程。

3. 普速铁路接引非牵引负荷有何规定?

答:为保证电气化区段的可靠供电,一般不得从接触网上引接非牵引负荷。对当地车站无电源,只能利用接触网供电者,经铁路局批准可允许由车站接触网引接少量的非牵引负荷,供电段与使用单位应明确分界,各自对分管设备加强管理,认真维护保养,确保接触网的正常供电。

4. 普速铁路接触网步行巡视的周期有何规定?

答:对接触网安全巡检装置不易到达的专用线、联络线、支线、车站侧线、远离线路的供电线等处所,巡视周期 1 个月;对接触网安全巡检装置能够到达的线路,巡视周期 3 个月。

5. 普速铁路受电弓动态包络线有何规定?

答:普速铁路受电弓动态包络线应符合下列规定:

(1)160 km/h 及以下区段,受电弓动态抬升量 120 mm,左右摆动量 250 mm。

(2)160 km/h 以上区段,受电弓动态抬升量 120 mm,左右摆动量直线 250 mm,曲线 300 mm。

6. 普速铁路接触线距钢轨顶面的高度有何规定?

答:接触线距钢轨顶面的高度不超过 6 500 mm;在区间和中间站,不小于 5 700 mm(旧线改造不小于 5 330 mm);在编组站、区段站和个别较大的中间站站场,不小于 6 200 mm;站场和区间宜取一致;双层集装箱运输的线路,不小于 6 330 mm。

7. 普速铁路接触线坡度有何规定?

答:(1)接触线坡度标准值:设计值。

(2)标准状态:同标准值。

(3)警示值:160 km/h 区段 3.3‰;120 km/h 区段 4‰。

(4)限界值:160 km/h 区段 4‰;120 km/h 区段 5‰。在变坡区段的始末跨,接触线坡度变化不宜大于变坡区段最大坡度的一半。

8. 普速铁路接触线磨耗及损伤有何规定?

答:(1)接触线磨耗和损伤后不能满足该线通过的最大电流时,若是局部磨耗和损伤,可以加电气补强线,若是普遍磨耗和损伤则应更换。

(2)接触线磨耗和损伤后不能满足规定的机械强度安全系数时,若是局部磨耗和损伤,可以加补强线或切除损坏部分重新接续,若是普遍磨耗和损伤则应更换。

(3)接触线接头、补强处过渡平滑。该处接触线高度不应低于相邻吊弦点,允许高于相邻吊弦点 0~10 mm,必要时加装吊弦。标准值:无损伤。标准状态:无损伤。警示值:磨损面积 15%。限界值:磨损面积 20%。

9. 普速铁路接触网吊弦分为哪几种?

答:吊弦分环节吊弦、整体吊弦、弹性吊弦、滑动吊弦。

10. 普速铁路接触网吊弦偏移有何规定?

答:(1)标准值:在无偏移温度时处于铅垂状态。当温度变化且承力索、接触线采用不同材质时,吊弦顺线路方向偏移符合安装曲线要求。

(2)标准状态:同标准值。

(3)警示值:不大于吊弦长度的1/4。

(4)限界值:不大于吊弦长度的1/3。

11. 普速铁路整体吊弦有何规定?

答:普速铁路优先采用整体吊弦,其预制长度应与计算长度相等,偏差应不大于±2 mm,外观无断股、烧伤或其他不良状态。

12. 普速铁路两相邻吊弦点接触线高差有何规定?

答:两相邻吊弦点接触线高差极限情况下不得大于50 mm。

13. 普速铁路弹性吊索和简单悬挂吊索有何规定?

答:(1)吊索须用绞线制成并保持一定的张力,不得松弛。

(2)在无偏移温度时,吊索在悬挂点两端的长度应相等,允许相差不超过400 mm。

(3)吊索不得有散股、断股(丝)、接头、补强、硬弯。

(4)弹性吊索两端与承力索的连接符合设计规定。

(5)简单悬挂吊索应与悬吊滑轮材质一致,与接触线的连接符合设计规定。

14. 普速铁路定位器的偏移有何规定?

答:定位器应与腕臂顺线路偏移的方向、角度相一致。

标准值:平均温度时垂直于线路中心线,温度变化时沿接触线纵向偏移与接触线在该点的伸缩量相一致。

标准状态:标准值±偏移量的10%。

警示值:标准值±偏移量的20%。

限界值:极限温度时,偏移值不得大于定位器(管)长度的1/3。

15. 普速铁路接触线中心锚结线夹有何规定?

答:(1)中心锚结线夹应安装牢固,在直线上保持铅垂状态,在曲线上与接触线的倾斜度一致。

(2)中心锚结线夹处接触线高度与相邻吊弦处接触线高度应相等,允许偏差0~20 mm。

16. 普速铁路单开、对称(双开)道岔的交叉线岔两接触线高差的标准值有何规定?

答:两接触线高差的标准值:当两支接触线均为工作支时,两线相距500 mm、800 mm处,正线线岔的侧线接触线比正线接触线高20 mm,侧线线岔两接触线等高;当一支为非工作支时,距线路中心800 mm处,非工作支接触线比工作支接触线抬高80 mm,并向下锚方向均匀抬升。

17. 普速铁路单开、对称(双开)道岔的交叉线岔两接触线高差的标准状态有何规定?

答:两接触线高差的标准状态:当两支接触线均为工作支时,两线相距500 mm、800 mm处,正线线岔侧线接触线比正线接触线高15~25 mm,侧线线岔两接触线高差不大于20 mm;当一支为非工作支时,其距线路中心800 mm处,非工作支接触线比工作支接触线抬高60~90 mm,并向下锚方向均匀抬升。

18. 普速铁路单开、对称(双开)道岔的交叉线岔两接触线高差的限界值有何规定?

答:两接触线高差的限界值:当两支接触线均为工作支时,两线相距500 mm、800 mm处,正线线岔侧线接触线比正线接触线高10~30 mm,侧线线岔两接触线高差不大于30 mm;当一支为非工作支时,其距线路中心800 mm处,非工作支接触线比工作支接触线抬高50~100 mm,并向下锚方向均匀抬升。

19. 普速铁路定位器的静态角度有何规定?

答:定位器应处于受拉状态(拉力≥80 N),定位器静态角度(定位器与轨面连线之间的夹角)标准如下:

(1)标准值:9°。

(2)标准状态:8°~11°。

(3)警示值:7°~14°。

(4)限界值:6°~17°。对于非限位、弓形等定位器,安装应符合设计要求。

20. 普速铁路跨距有何规定?

答:普速铁路接触网最大跨距不得超过 65 m,对山口、谷口、高路堤和桥梁等风口范围内的跨距,应按设计标准选用值缩小 5~10 m,且最大跨距不宜超过 50 m。跨距允许偏差+1 m、-2 m。

21. 普速铁路弓网综合检测装置(1C)的检测周期和项目是什么?

答:(1)弓网综合检测装置(1C)的检测周期:3 个月。

(2)项目:①接触线动态拉出值、高度。

②硬点、一跨内接触线高差。

③弓网接触力、燃弧、接触线抬升量。

④接触网电压。

22. 普速铁路接触网悬挂状态检测监测装置(4C)的周期和主要内容是什么?

答:(1)接触网悬挂状态检测监测装置(4C)周期:6 个月。

(2)主要内容:监测接触网设备零部件有无烧伤、缺失、断裂、松动及其他异常情况。

23. 普速铁路定期分析诊断时限有何规定?

答:定期检测工作完成后,检测工区、运行工区应在下列时限内完成定期分析诊断(见表 3-4-1)。

表 3-4-1 铁路定期分析诊断时限

装置名称	分析项点	分析主体	完成时限(天)
1C	缺陷数据	检测工区	3
	全面分析	检测工区	10
2C	季节性、关键性问题	检测工区	1
	全面分析	检测工区	3

续上表

装置名称	分析项点	分析主体	完成时限(天)
3C	缺陷数据	检测工区	3
	全面分析	检测工区	10
4C	季节性、关键性问题	检测工区	3
	全面分析	运行工区	20
5C、6C	全面分析	检测工区	1

24. 普速铁路接触网远动隔离开关维修分工有何规定?

答:接触网远动隔离开关维修分工如下:引入被控站的通信光缆及通信光缆配线架(盒),以被控站通信配线架(盒)的活动连接器为分界点。活动连接器(含)至通信设备由通信段负责,活动连接器(不含)至供电设备的跳纤、尾纤等由供电段负责。

25. 普速铁路接触网线岔始触区有何规定?

答:线岔两工作支中,任一工作支的垂直投影距另一股道线路中心 600~1 050 mm 的范围内,不得安装任何线夹。

26. 普速铁路接触网整体设备寿命周期有何规定?

答:普速铁路接触网整体设备寿命周期一般为 20~25 年。

27. 普速铁路正线接触网的综合张力和正线接触线的张力有何规定?

答:正线接触网的综合张力和正线接触线的张力不应低于下列数值(见表 3-4-2)。

表 3-4-2　正线接触网的综合张力和正线接触线的张力

区段内列车运行速度(km/h)	接触网综合张力(kN)	接触线张力(kN)
$v \leqslant 120$	25	10
$120 < v \leqslant 160$	28	13
$160 < v \leqslant 200$	30	15

第五单元　高速铁路接触网

1. 高速铁路接触网主要采用哪种供电方式？

答：高速铁路接触网主要采用 AT 供电方式。

2. 高速铁路接触网采用哪种悬挂方式？

答：高速铁路接触网采用全补偿链型悬挂。

3. 高速铁路接触网电压有何规定？

答：高速铁路接触网额定电压为 25 kV，最高工作电压为 27.5 kV，短时（5 min）最高工作电压为 29 kV，最低工作电压为 20 kV。

4. 高速铁路接触网维修分为哪三级修程？

答：高速铁路接触网维修分为一级修（临时修）、二级修（综合修）、三级修（精测精修）三级修程。

5. 高速铁路接引非牵引负荷有何规定？

答：为保证接触网设备可靠供电，禁止从接触网上引接非牵引负荷。

6. 高速铁路接触网步行巡视的周期是如何规定的？

答：步行巡视周期：防护栏内区间一般不进行步行巡视。车站、动车所巡视周期 3 个月，隧道内巡视周期 12 个月，防护栏外巡视周期 3 个月。

7. 什么是三级修？

答：三级修（精测精修）是指通过检测动态条件下的弓网作用参数，测量静态条件下的接触网几何位置，检验零部件质量状态，依据检测、检验分析结果，全面调整接触网静态几何参数、更换失效或接近预期寿命的零部件和设备、更换局部磨耗接近限值的接触线,恢复接触网标准状态。

8. 什么时候进行三级修?

答:满足下列条件时,应开展一次三级修(精测精修)工作。

(1)一般运行7年或弓架次达到50万次以上。

(2)动态检测发现弓网动态作用特性呈区段持续不良、故障多发以及线路平纵断面发生调整的区段。

9. 高速铁路受电弓动态包络线有何规定?

答:高速铁路受电弓动态包络线应符合下列规定:受电弓动态抬升量150 mm(线岔始触区为200 mm),横向摆动量直线区段为250 mm,曲线区段为350 mm。

10. 高速铁路接触线距钢轨顶面的高度有何规定?

答:接触线距钢轨顶面的高度不超过6 500 mm;接触线悬挂点高度不宜小于5 300 mm,接触线最低点高度不小于5 150 mm,站场和区间接触网的高度应一致。

11. 高速铁路接触线坡度有何规定?

答:接触线坡度标准值:$v \leqslant 250$ km/h时,坡度≤1‰,$v>250$ km/h时,坡度为0。

标准状态:$v \leqslant 250$ km/h时,坡度≤1‰,$v>250$ km/h时,坡度≤0.5‰。

警示值:$v \leqslant 250$ km/h时,坡度≤1‰,$v>250$ km/h时,坡度≤0.5‰。

限界值:$v \leqslant 250$ km/h时,坡度≤1.5‰,$v>250$ km/h时,坡度≤1‰。

12. 高速铁路接触线允许最大局部磨耗面积有何规定?

答:接触线允许最大局部磨耗面积(见表3-5-1)。

表 3-5-1 接触线允许最大局部磨耗面积

设计速度(km/h)	导线材质	工作张力(kN)	标准值	警示值	限界值
200~250	CTS	—	无磨损	15%	20%
300~350	CTSH-150	28. 5	无磨损	11%	15%
	CTMH-150	28. 5	无磨损	17%	23%
	CTMH-150	30	无磨损	14%	19%
	CTCZ-150	31. 5	无磨损	19%	25%
	CTCZ-150	33	无磨损	16%	21%
	RiM 120	27	无磨损	13%	17%

13. 高速铁路对吊弦偏移有何规定?

答:接触线与承力索同材质时,顺线路方向吊弦偏移(交叉吊弦除外)极限情况下不大于 100 mm。

14. 高速铁路对吊弦长度有何规定?

答:吊弦预制长度应与计算长度相等,偏差应不大于±1. 5 mm。

15. 高速铁路两相邻吊弦点接触线高差有何规定?

答:高速铁路两相邻吊弦点接触线高差在极限情况下不大于 15 mm。

定位点两侧第 1 吊弦处(弹性链型悬挂时为弹性吊索外第 1 吊弦)接触线高度应相等。相对于定位点处接触线高度±10 mm,且不得出现 V 形。

16. 高速铁路弹性吊索及弹性吊索吊弦有何规定?

答:(1)弹性吊索长度应符合设计要求,悬挂点两端长度相等,允许偏差为±20 mm。

(2)弹性吊索线夹处吊索外露中锚端为 20 mm,下锚端为 150 mm,允许偏差为±5 mm。

(3)弹性吊索工作张力符合设计规定,不得松弛。允许偏差为标准值±10%。

(4)弹性吊索不得有散股、断股(丝)、接头、补强、硬弯。

(5)第1吊弦与相邻弹性吊索吊弦的高度差小于10 mm。弹性吊弦与定位点处接触线高度相等。

(6)弹性吊索两端与承力索的连接符合设计规定。

17. 高速铁路定位器偏移有何规定?

答:定位器应与腕臂顺线路偏移的方向、角度一致。

标准值:平均温度时垂直于线路中心线,温度变化时沿接触线纵向偏移与接触线在该点的伸缩量相一致。

标准状态:标准值±偏移量的10%。

警示值:同标准状态。

限界值:极限温度时,偏移值不得大于定位器(定位管)长度的1/3。

18. 高速铁路接触线中心锚结线夹有何规定?

答:(1)接触线中心锚结线夹应安装牢固。在直线上保持铅垂状态,在曲线上与接触线的倾斜度一致。

(2)中心锚结线夹处接触线高度与相邻吊弦接触线高度应相等,允许偏差0~10 mm。

19. 高速铁路单开、对称(双开)道岔的交叉线岔两接触线相距500 mm处的高差标准值有何规定?

答:标准值:当两支均为工作支时,正线线岔的侧线接触线比正线接触线高20 mm,侧线线岔两接触线等高。当一支为非工作支时,非工作支接触线比工作支接触线高80~100 mm,并按设计要求延长一跨抬高350~500 mm后下锚。

20. 高速铁路单开、对称(双开)道岔的交叉线岔两接触线相距500 mm处的高差标准状态有何规定?

答:标准状态:当两支均为工作支时,正线线岔侧线接触线比正线接触线高 10~30 mm;侧线线岔两接触线高差不大于 30 mm。当一支为非工作支时,非工作支接触线比工作支接触线抬高 50~100 mm,并延长一跨抬高 350~500 mm 后下锚。

21. 高速铁路定位器静态角度有何规定?

答:定位器应处于受拉状态(拉力≥80 N),定位器静态角度标准如下。对于非限位、弓形等定位器,安装应符合设计要求。

标准值:8°。

标准状态:6°~10°。

警示值:6°~13°。

限界值:4°~15°。

22. 高速铁路跨距有何规定?

答:高速铁路接触网最大跨距不得超过 50 m,跨距允许偏差±500 mm。

23. 高速铁路弓网综合检测装置(1C)的检测周期和项目是什么?

答:(1)弓网综合检测装置(1C)的检测周期:15 天。

(2)项目:

①接触线动态拉出值、高度。

②硬点、一跨内接触线高差。

③弓网接触力、燃弧、接触线抬升量。

④接触网电压。

24. 高速铁路接触网悬挂状态检测监测装置(4C)的监测周期和主要内容是什么?

答:(1)周期:3 个月。

(2)主要内容:监测接触网设备零部件有无烧伤、缺失、断裂、松动及其他异常情况。

25. 高速铁路定期分析诊断时限有何规定?

答:定期检测工作完成后,检测工区、运行工区应在下列时限内完成定期分析诊断(见表3-5-2)。

表3-5-2　定期分析诊断时限

装置名称	分析项点	分析主体	完成时限(天)
1C	缺陷数据	检测工区	3
	全面分析	检测工区	10
2C	季节性、关键性问题	检测工区	1
	全面分析	检测工区	3
3C	全面分析	检测工区	10
4C	季节性、关键性问题	检测工区	3
	全面分析	运行工区	20
5C、6C	全面分析	检测工区	1

26. 高速铁路接触网远动隔离开关维修分工有何规定?

答:被控站的光纤配线盒(含)至通信机房的光缆及光纤配线盒由通信段负责。光纤配线盒至供电设备的跳纤、尾纤由供电段负责。

27. 高速铁路接触网始触区有何规定?

答:线岔两工作支中,任一工作支的垂直投影距另一股道线路中心600~1 050 mm的区域内不得安装除吊弦线夹(必需时)外的其他线夹。在始触区至接触线交叉点处,正线和侧线接触线应位于受电弓中心的同一侧。

第六单元　电力通用知识

1. 什么是导体、半导体和绝缘体?

答:我们把具有良好导电性能的物质,称为导体,如银、铜、铝等。把不容易导电的物质叫作电介质或绝缘体,如橡胶、塑料、陶瓷等。导电能力介于导体与绝缘体之间的物质,称之为半导体,常见半导体材料有硅、锗等。

2. 影响绝缘材料绝缘性能的主要因素有哪些?

答:绝缘材料的绝缘性能是随着客观条件的变化而改变的,影响其性能的主要因素有:

(1)绝缘材料的电阻系数随温度的变化而变化,因此绝缘电阻是绝缘材料的主要性能之一。一般绝缘材料的容许温度上限为100~180 ℃。

(2)当绝缘体承受的外加电压超过一定值时,会促其内部结构发生变化,造成绝缘体的击穿。绝缘体被击穿时的电压值称为绝缘耐压强度。

(3)很多绝缘材料如纸、木材、绸布等,在吸收空气中的水分后,其绝缘性能会变坏,因此应该注意绝缘材料的防潮问题。

3. 避雷针为什么能防雷?

答:避雷针是一种保护各种建筑物和设备不受直接雷电危害的有效装置。落雷时,由于避雷针高于被保护的对象,它将把雷电流引向自身,即雷电首先落到避雷针上,并通过针上的连接线接入大地,使保护对象免受雷电流的侵袭,从而做到保护作用。

4. 什么是电功率？说明其单位和换算关系。

答：电功率是用以衡量单位时间内电能大小的量，可简称为功率。如果导线两端的电压为 U，流过的电流为 I，任一截面的电荷 $q=It$，则电场对运动电荷 q 所做的功即称为电流功，为 $A=QU=IUt$，显然电功率为 $P=W/t=IU$，在国际单位制中，能量的单位是焦[耳](J)，功率的单位是焦[耳]/秒(J/s)，称为瓦[特](W)。

5. 如何计算电源的功率和负载功率？

答：电源的功率 $P=EI$，即电源的功率等于其电动势和电流的乘积。负载的功率为 $P=UI=I^2R=U^2/R$。

6. 什么是电容器和电容？

答：电容器是储存电荷的容器。它由被电介质隔开的两个金属片或任何形状的金属导体所组成。两个金属体叫作电容器的极板，极板上的带电量 Q(二极板上的电量相等，符号相反)与电容器两极板间的电压 U_c 之比称为电容 C，即 $C=Q/U_c$，其中，C 的单位为法[拉](F)；Q 的单位为库[仑](C)，U_c 的单位为伏(V)。

7. 什么是正弦交流电？在交流电路中为什么要标定交流电方向与电压极性？

答：电动势、电压和电流的大小与方向随着时间按正弦规律变化的交流电叫正弦交流电。由于交流电的方向是不断变化的，所以在分析交流电路时，有必要规定一个假设的“正方向”。当电流或电压的实际方向与假定方向一致时，电流或电压就是正值，反之就是负值。

8. 什么是电抗和阻抗？

答：有电阻电感和电容的电路里，对交流电所引起的阻碍作用叫阻抗，电容和电感在电路中对交流电起阻碍作用的总称为电抗。

9. 什么是视在功率？与有功功率、无功功率是什么关系？

答：交流电路输入端电压与电流有效值的乘积，称为视在功

率 S。有功功率 P、无功功率(Q)和视在功率 S 可以组成一个直角三角形,$P^2+Q^2=S^2$。

10. 如何计算三相有功功率、无功功率、视在功率和功率因数?

答:不论负载是△形连接还是 Y 形连接,只要三相电路负载对称,各相电压、电流的有效值和各相电压、电流间的相位差就都相等,因而各相的平均功率相等,三相功率显然即为每相功率的三倍,$P=3U_\varphi I_\varphi\cos\varphi$,$Q=3U_\varphi I_\varphi\sin\varphi$,$S=3U_\varphi I_\varphi$,功率因数 $\cos\varphi=P/(3U_\varphi I_\varphi)$,如用线电压和线电流表示则为 $P=\sqrt{3}U_XI_X\cos\varphi$,$Q=\sqrt{3}U_XI_X\sin\varphi$,$S=\sqrt{3}U_XI_X$,功率因数 $\cos\varphi=P/(\sqrt{3}U_XI_X)$;如果三相负载不对称,则应分别计算各相功率,三相功率等于各相功率之和。

11. 什么是功率因数? 功率因数低有什么不利?

答:有功功率与视在功率的比值叫作功率因数。从功率三角形可以看出,功率因数即为:$\cos\varphi=P/S$;负载功率因数越低,同一额定容量的发电设备能够发出的有功功率越小,亦即设备的容量不能得到充分利用。

12. 三相交流电是如何产生的?

答:三相交流电是有三个相差 120°电角度的正弦波电压。三相交流发电机内有三个相差 120°电角度的线圈,转动时就能产生三相交流电。

13. 什么三相交流电的星形连接?

答:把三相电源三个绕组的末端 X、Y、Z 连接在一起,成为一个公共点 O,从始端 A、B、C 引出三条端线。

14. 什么是电源的三角形连接?

答:将电源的绕组,依次首尾相连接构成的闭合回路,再以首端 A、B、C 引出导线接至负载。

15. 什么是负载的星形连接?

答:三相负载的一端连在一起接至电源中线,另一端分别接至电源相线 A、B、C。

16. 什么是负载的三角形连接?

答:各相负载分别接在两根相线之间。

17. 什么是安全电压?

答:安全电压是指人体较长时间接触而不致发生触电危险的电压。安全电压额定值为:42 V、36 V、24 V、12 V、6 V。空载上限值为:50 V、43 V、29 V、15 V、8 V。

18. 电流对人体的伤害类型有哪些?

答:(1)电击:单相触电;两相触电;跨步电压触电。

(2)电伤。

19. 触电急救的步骤有哪些?

答:触电急救第一步是使触电者迅速脱离电源,第二步是现场救护。

第七单元　电力基础知识

1. 电力供电系统的组成及分类有哪些?

答:电力系统是由发电厂、变电站、输电线、配电系统和负荷组成的有机整体。

(1)按线路的用途:电力线路分为送电线路和配电线路。

(2)按架设方法:电力线路分为架空线路和电缆线路两种。

2. 电力供电系统电压等级分类有哪些?

答:铁路电力线路一般使用的电压等级有380 V/220 V、10 kV、35 kV、110 kV。铁道电气化使用的是特殊的电压等级,为25 kV。

3. 额定电压是什么?

答:额定电压就是电气设备正常工作时的电压,表示设备的设计电压,电气设备长时间工作时所适用的最佳电压。

4. 电力负荷是什么? 电力网负荷的组成有哪些?

答:电力负荷又称用电负荷,指电能用户的用电设备在某一时刻向电力系统取用的电功率总和。电力网由各种电压等级的输、配电线路和变(配)电站(所)组成。

5. 用电设备一级负荷主要有哪些?

答:一级负荷:中断供电将引起人身伤亡,主要设备损坏,大量减产,造成铁路运输秩序混乱。属于此类负荷的有:调度集中,大站电气集中联锁,自动闭塞,驼峰电气集中联锁,驼峰道岔自动电气集中,机械化驼峰的空压机及驼峰区照明,局通信枢纽及以上的电源室,中心医院外科及妇产科的手术室,特等站及国境站的旅客站房、站台、天桥、地道及设有国际换装设备的用电设备,内燃机车电动上油机械（无其他上油设备时），局电子计算中心站。

6. 用电设备二级、三级负荷主要有哪些?

答:二级负荷:中断供电将引起产品报废，生产过程被打乱，影响铁路运输，属于此类负荷有:机车、车辆检修和整备设备、给水所、非自动闭塞区段的小站电气集中联锁和色灯电锁器联锁、通信分枢纽以下电源室、调度信息机械室、编组站、区段站、洗灌站、大型客货运站、中型客货运站、隧道通风设备、加冰所、医院、红外线轴温探测设备、道口信号。三级负荷:不属于一、二级负荷者为三级负荷。

7. 三相四线制供电有何特点?

答:三相四线制供电有以下特点:

（1）可以引出相电压接单相负载，扩大使用面。

（2）当三相负载对称时中线上没有电流流过，只有负载不对称时，中线才流过电流。

（3）由于中线的存在，在三相负载不对称时，三相相电压仍然相等。不会发生有的相电压过高，有的相电压过低，使负载不能正常工作的现象，即使在一相或两相发生断路时，其他相仍可正常运行。

8. 什么是中性点、零点、中性线及零线?

答:在发电机、变压器、电动机的绕组中，或在电源连接的电路中有一点，它与外部各端线间的电压绝对值均相等，该点即称为中性点或中点，当中性点接地时，该点称为零点。由中性点引出的导线称为中性线;由零点引出的导线称为零线。

9. 什么是电气设备的接地体、接地线和接地装置? 电气设备为什么要接地?

答:电气设备某部分与大地土壤间所做的良好的电气连接称为接地。其中与土壤直接接触的金属体称为接地体（接地极）。连接接地体与电气设备之间的金属导线称为接地线,接地体及接地线合称为接地装置。

电气设备的接地是为了保证人身及电气设备的正常和安全运行。

10. 什么是散流电阻?什么是接地装置的接地电阻?

答:接地体的对地电压与经接地体流入地中的接地电流之比称为散流电阻。它通常是指自接地体向周围扩散20 m的半球形体积的总电阻,即包括接地体和土壤的电阻。

接地装置的接地电阻是散流电阻与接地线电阻之和。一般接地线电阻甚小,可以忽略,故可以认为接地电阻等于散流电阻。

11. 什么是接触电压?什么是跨步电压?

答:当接地短路电流经接地网流入大地时,在大地表面形成不同的电位分布,地平面上离开设备接地部分的某点与接地部分之间的电位差称为接触电势。人体接触该两点时所受到的电压称为接触电压。

地面上水平距离为一步距(0.8 m)的两点之间的电位差称为跨步电势。人体两脚接触该两点时所受到的电压称为跨步电压。

12. 电力供电系统接地及组成是什么?

答:将设备的某一部位经接地装置与大地紧密连接称为接地,由接地体和接地下引线组成。

13. 电力供电系统接地按作用分为哪几种?

答:接地按其作用的不同,分为功能性接地(中性点接地、工作接地、逻辑接地、屏蔽接地)和保护性接地(外壳接地、建筑物接地、防雷接地、重复接地)。

14. 电力系统中性点接地方式分为哪几种?

答:接地方式有:不接地(绝缘)、经电阻接地、经电抗接地、经消弧线圈(谐振接地)接地、直接接地等。

15. 电气设备的接地形式分为哪几种?

答:分为工作接地、保护接零、保护接地和重复接地。

16. 保护接地及其作用是什么?

答:把电气设备的金属外壳同接地装置连接叫保护接地。如果电气设备外壳增加保护接地后,若一相内部绝缘损坏,有漏电电流时,人一旦碰触设备外壳,漏电电流大部分通过保护接地和工作接地构成回路,而通过人体的电流很小。

17. 保护接零及其作用是什么?

答:把电气设备的外壳与三相四线制供电系统中的零线连接称为保护接零,当某一设备外壳带电时,通过设备外壳+接零+零线,形成该相对零线的单相短路(碰壳短路),短路电流能促使线路上的保护装置或熔断器迅速动作,从而把故障部分断开电源,消除触电危险。

18. 在中性点直接接地的三相四线制系统中,采用保护接零为什么是安全的?

答:在中性点直接接地的三相四线制系统中,如果电气设备采用接零保护,则在出现碰壳时,短路电流将经零线而流通,形成单相短路,其短路电流值仅与相电压及零线回路的阻抗有关,在一般情况下,保护设备都能可靠动作,迅速切断电源。因此说,在三相四线制系统中,电气设备外壳只有采用接零保护才是安全的。

19. 当零线兼做接零保护回路时,为什么不能在零线上装设熔断器?

答:在中性点直接接地的三相四线制系统中,当零线兼做接零保护回路时,若在零线上装设熔断器,如用电设备发生碰壳而形成单相短路故障时,熔断器会被故障电流熔断而切断零线,使接在相线上的开关拒动,造成设备外壳长期带电,同时零线也会出现危险电压,直接威胁人身安全。另外零线被切断后,当三相负荷不平衡时,三相电压将不对称。因此,在零线兼做保护接零时,不允许在零线上装设熔断器。

20. 雷电的种类可分为哪几种?

答:雷电的种类可分为直击雷、感应雷、雷电波侵入及球雷四种。

21. 雷电的效应及危害是什么?

答:雷电主要有雷电压的击穿效应、雷电流的热效应、雷电的机械效应。这些效应都会带来危害,雷电本身电压很高,若电压超过某一数值,电气设备的绝缘要发生击穿而破坏。

22. 防雷的基本方法有哪些?

答:防雷的基本方法用“泄”和“抗”两个字来概括,就是将有危害的电压使用接地的避雷设施,把雷电引向本身,通过本身“泄”入大地,以削弱其威力。为防止雷害而做的接地叫防雷接地。另外要求各种电气设备,具有一定的绝缘水平或采取其他补救措施,提高“抗”雷电的破坏能力。

23. 常用的防雷设施有哪些?

答:目前常用的防雷设施有:避雷器、避雷针、避雷线和间隙保护,避雷器有阀型避雷器和管型避雷器两种。

24. 高速铁路电力系统由哪几部分构成?

答:高速铁路供配电系统主要由外部电源、变配电所、沿线两回高压电力贯通线路、站场电力线路构成。

25. 高速铁路用电一级负荷供电原则有哪些?

答:一级负荷应由两路相互独立电源分别供电至用电设备或低压双电源切换装置处,当两路电源中一路电源发生故障时,另一路电源不应同时受到损坏。动车段(所)应采用两路相互独立可靠的外部电源供电。有变配电所的车站宜按两路相互独立可靠的外部电源设计;无变配电所的车站其电源数量可根据负荷性质及容量、外部电源及贯通线路的供电能力经技术经济比较后确定。车站及区间通信、信号等与行车有关的一级负荷应由电力一级负荷,综合负荷贯通线路提供两路相互独立电源供电,高压接引方式宜为环网接线,并宜独立设置变电所;当供电能力允许时,贯通线路可以对难以取得外部电源的其他用电负荷供电。特大型旅客站房应设应急备用发电机组。

26. 高速铁路用电二级、三级负荷供电原则有哪些?

答:二级负荷:有条件时提供两路高压电源供电,当两路电源供电确有困难时可为一路高压电源供电;三级负荷:一般采用单回路供电,当供电系统为非正常运行方式时,允许将其切除。

27. 高速铁路电力系统采用了哪些新技术、新设备、新工艺?

答:高速铁路变配电所采用免维护或少维修设备;高速铁路电力电缆采用 YJV62 型交联单芯电缆;高速铁路电力系统采用远动智能箱变替代普速铁路的杆上变压器、落地式变压器。

28. 高速铁路电力系统高压 GIS 开关柜特点有哪些?

答:小型化;提高了可靠性、安全性;维护简单;应用、布置方便;与周围环境协调比较好。

29. 高速铁路电力远动智能箱变主要功能有哪些?

答:为铁路系统调度集中、大站电气集中联锁、自动闭塞、驼峰信号等一级负荷提供电源;确保铁路信号、通信系统安全用电;倒闸操作,就地控制功能;高低压电源的自动投切;实时监测,主站调度;故障报警,故障录波;实现“三遥”(遥测、遥信、遥控)。

30. 高速铁路电力一级负荷包括哪些设备?

答:一级负荷应包括:与行车密切相关的通信、信号、信息、防灾安全监控设备,动车段(所)运用设备,电力及电力牵引供电各所操作电源,大型、特大型站公共区照明、应急照明及隧道应急照明,大型及重要建筑物火灾自动报警系统设备,特长隧道消防设备等。

31. 高速铁路电力二级负荷包括哪些设备?

答:二级负荷主要包括:为通信、信号主要设备配置的专用空调,接触网远动开关操作电源,动车组检修设备,综合检测、工务机械、综合维修、给排水设施等设备,中间站公共区照明,区间视频监控设备,道岔融雪设备,除一级负荷外的其他信息等负荷。

32. 高速铁路中性点主要接地方式有哪些?

答:中性点主要接地方式有:中性点直接接地,中性点经消弧线圈接地,中性点经电阻接地,中性点经电抗接地。

33. 高速铁路的供电负荷应符合哪些规定?

答:一级负荷由两路相互独立电源分别供电至用电设备或低压双电源切换装置处,当两路电源中一路电源发生故障时,另一路电源不会同时受到损坏。车站及区间通信、信号等与行车有关的一级负荷由电力一级负荷、综合负荷贯通线路提供两路相互独立电源供电,高压接引方式为环网接线,并独立设置变电所;当供电能力允许时,贯通线路可以对难以取得外部电源的其他用电负荷供电。

34. 高速铁路信号系统有何用电要求?

答:各车站信号机械室信号设备均属一级负荷,二路独立电源,AC 380 V,利用设置的一级贯通、综合贯通线同时为沿线的信号设备供电,用户根据所在站的负荷情况设置有 UPS 供电;信号设备受电箱总开关容量与电力出线柜开关容量相匹配。

35. 高速铁路通信系统有何用电要求?

答:各车站通信机械室、线路所、区间基站、光纤直放站、信号中继站及通信站设备均属一级负,二路独立电源,AC 380 V,利用设置的一级贯通、综合贯通线同时为沿线的通信设备供电,用户根据所在站的负荷情况设置有 UPS 供电。

36. 高速铁路信息系统有何用电要求?

答:信息系统的用电要求:高速铁路信息系统设备属一级负

荷，二路独立电源，AC 380 V，用户根据所在站的负荷情况设置有UPS 供电。

37. 高速铁路牵引供电系统有何用电要求?

答：牵引变电所、分区所、AT 所操作电源一路由本所所变提供，另一路由 10 kV 综合贯通电源提供；区间网开关电源由 10 kV 综合贯通线路提供一路操作电源。

38. 高速铁路综合接地系统及其作用是什么?

答：综合接地系统是将铁路沿线的牵引供电、电力供电、通信、信号及其他电子信息系统、建筑物、轨道、车站、桥梁、隧道、声屏障等需接地的装置通过公用地线连成一体的接地系统。其主要作用体现在如下几个方面：防雷电袭击保护，轨道电路传输可靠性保证，杂散电流电磁干扰以及在意外情况下对设备、机车车辆和人员的接地保护。

39. 高速铁路电力综合接地有何要求?

答：高速铁路电力综合接地体与土建基础结合在一起，采用接地装置水平及垂直接地体敷设的位置和埋设深度距地面不应小于 0.6 m。

40. 高速铁路防灾系统用电有何要求?

答：防灾系统用电既有从通信基站电源开关箱引接，也有从电力箱变低压开关下进行引接，需要二路独立 220 V 交流电进行供电。

41. 综合调度系统用电有何要求?

答：调度系统的用电要求：综合调度系统设备均属一级负荷，二路独立电源，AC 220 V 或 AC 380 V。

第八单元　电力常用材料及设备

1. 架空线路的分类有哪些?

答:(1)输电线路(又称供电线路):用来输送电能的架空线路或电缆线路称为输电线路。

(2)配电线路:把电能分配到各个用户的线路称为配电线路,其中 1~10 kV 线路称为高压配电线路,又叫一次配电线路。

(3)直配线路:由发电机不经过变压器,直接把 10 kV 电能经电缆或架空线路把电能输送给用户的线路,称为直配线路。

2. 架空线路的组成元件及其作用是什么?

答:(1)导线:输送电能。

(2)绝缘子:一是将带电导线与杆塔可靠的绝缘起来;二是将导线牢固的固定在杆塔上。

(3)横担:将绝缘子与电杆固定连接在一起,并使导线与电杆保持一定的距离。

(4)电杆:用来支持和固定导线、绝缘子及其他附件,并使带电部分与其他物体保持有足够的安全距离。

(5)拉线:平衡杆塔张力和增加杆塔的稳定性。

(6)金具:紧固和连接线路各种元件。

(7)柱上油开关:作线路的断与通、分段、分支和联络作用。

(8)高压熔断器:断开或接通变压器及小负荷线路,并起保护线路的作用。

(9)变压器:把高压变成低压或将低压变成高压,一般起降压作用，即将 10 kV 变成 380 V/220 V。

(10)避雷器：防止雷电损坏变压器及其他电气设备。

(11)接地装置：具有保护接地和工作接地两种作用。

(12)变台(变电亭)：放置变压器和开关计量控制设备。

3. 杆塔基础的作用是什么？

答：基础的作用是承受杆塔、导线和地线的重量，保证杆塔在运行中不发生下沉和在外力作用时不发生倾倒或变形，故基础施工是非常重要的。

4. 架空电力线路按杆塔所处位置及作用分为哪几种？

答：(1)直线杆塔，也叫中间杆。

(2)耐张杆塔。

(3)转角杆塔。

(4)终端杆塔。

(5)分歧杆塔。

(6)跨越杆塔。

(7)换位杆塔。

5. 拉线的作用是什么？

答：拉线的作用是平衡杆塔各方向的拉力，防止杆塔弯曲或倾斜，因此在承受不平衡荷载的电杆上(终端杆、转角杆、跨越杆等)，均装设拉线，以达到平衡的目的，如果由于地形限制不能设拉线时，可以使用撑杆代替。

6. 拉线的种类有哪些？

答：(1)普通拉线。

(2)两侧拉线(人字拉线)。

(3)水平拉线(过道拉线)。

(4)V 形拉线(Y 形拉线)。

(5)弓形拉线(自身拉线)。

(6)十字拉线。

(7)共用拉线。

7. 高低压瓷瓶如何分类?

答:绝缘子按使用电压等级可分为高压和低压两大类,高压可分为6 kV、10 kV、15 kV、20 kV及35 kV五个等级;高压瓷瓶按形状又分为针式绝缘子、盘形悬式绝缘子、瓷横担和蝶式等,低压瓷瓶按形状也可分为针式瓷瓶、蝶式两类。

8. 架空电力线路电力金具如何分类?

答:(1)连接金具:球头挂环和碗头挂环、U形环、直角和平行挂板、连板、延长环和环板、调整J形螺栓、U形挂板和U形拉板等。

(2)悬垂线夹。

(3)耐张线夹。

(4)接续金具:按结构形式和安装方法的不同可分为压缩型、螺栓型和预绞丝式三类,其中压缩型又可分液压、爆压和钳压三种。

(5)保护金具:铁路35 kV以下常用的保护金具有防振锤、悬吊锤等。

(6)拉线金具:常用的有拉线线夹、拉线连板、拉线卡子、拉线垫环等。

(7)T接金具:分螺栓型和压缩型两类。

(8)设备线夹:按安装方法的不同分螺栓型、压缩型两类。

(9)母线固定金具:根据母线类型分为矩形、槽形、管形和软母线固定金具等。

9. 架空电力线路电力零配件的分类及作用是什么?

答:电力零配件根据其在线路中的作用可分为支持件、连接件和紧固件三类,支持件主要包括各种横担、杆顶支座、拉板、跳板等。连接件主要包括抱箍、U形螺栓及各种穿钉等,紧固件是针对支持件和连接件而言,主要有M形抱铁、垫片、垫圈等。

10. 电线电缆按用途分为哪几类?

答:通常分为架空导线、设备用电线电缆、电力电缆和通信电缆四类。

11. 架空导线型号中代号含义是什么?

答:T铜线,J绞制,F防腐;L铝线,J加强型,R柔软;G钢线,Q轻型,Y硬;HL1热处理型铝镁硅合金线,K空心结构或扩径型;HL2非热处理型铝镁硅合金线,Y压缩型;C电车线,G沟型,Y圆型。

12. 钢芯铝绞线、硬铝绞线应满足哪些要求?

答:钢芯铝绞线、硬铝绞线等使用前,应进行外观检查,且应满足下列要求:

(1)不应有松股、交叉、折叠、断裂及破损等缺陷。

(2)钢芯铝绞线、硬铝绞线不应有严重腐蚀现象。

(3)绝缘线表面应平整、光滑、色泽均匀,绝缘层厚度应符合规定。

(4)绝缘线的绝缘层应挤包紧密,且易剥离,绝缘线端部应有密封措施。

13. 构成电缆线路的元件及作用是什么?

答:(1)电缆:起输送电能的作用。

(2)电缆终端头:主要把电缆密封起来,保证电缆的绝缘水平,并使电缆与其他设备连接起来,成为一个连接的供电设备。

(3)电缆中间接续:主要是把各段电缆连接起来,并密封成一个整体的电缆线路。

(4)紧固配件:将电缆或电缆头固定在电杆上或其他构件上。

(5)电缆沟预制排管及保护管:保护电缆,便于电缆检修。

(6)电缆标志桩:标志电缆路径。

14. 电力电缆如何分类?

答:电力电缆根据电压等级、绝缘材料、线缆芯线及结构有以下分类:

(1)按电压分有高压电缆和低压电缆。

(2)按电缆芯线数目分有单芯、双芯、三芯和四芯电缆。

(3)按结构特征分有统包型、分相型、钢管型、扁平型、自容型。

(4)按电缆绝缘材料分有油浸纸绝缘、塑料绝缘、橡胶绝缘和气体绝缘电缆等。

15. 电力电缆的基本结构主要由哪几部分组成?

答:电力电缆主要由线芯、绝缘层和保护层等部分组成。

16. 35 kV 及以下电缆的附件主要包括哪些部分?

答:电缆附件是电缆线路不可缺少的组成部分,35 kV 及以下电缆的附件主要包括终端头、中间盒。电缆终端头是一个与其他输变电设备(如架空线、变压器)相连接的端子;中间盒是用在长的线路将各段电缆连接在一起的连接器。

17. 互感器的分类及作用是什么?

答:互感器可分为电压互感器和电流互感器。用来把高电压变成低电压的互感器叫电压互感器;用来把大电流变成小电流的互感器叫作电流互感器。

18. 电流互感器的使用注意事项有哪些?

答:(1)严禁运行中的电流互感器二次线圈开路。

(2)选择电流互感器的变比要适当,电力设备在额定值运行时,一次侧电流宜在其额定电流的 2/3 以上。

(3)额定容量要大于二次负载总容量,以确保测量准确度等级。

(4)一次绕组串接于线路中,二次绕组串接在测量回路中,接线时要注意极性正确,尤其是电能表、功率表极性不能接错。

(5)电流互感器二次应有一处可靠接地,以防一次、二次绕组之间绝缘击穿时,危及人身和设备安全。

19. 电压互感器的使用注意事项有哪些?

答:(1)运行中的电压互感器不允许短路,否则将会产生很大的短路电流,烧毁电压互感器。

(2)一次绕组并接在干线回路中,二次绕组并接在测量回路中,接线时要注意极性正确。

(3)额定电压应与所运行的系统相适应。

(4)电压互感器的二次侧必须有一处接地,以防一、二次绕组绝缘击穿而危及人身和设备安全。

20. 高压开关柜的"五防闭锁"功能有哪些?

答:所谓"五防"是指:(1)防止误合、误分断路器;(2)防止带负荷操作隔离开关;(3)防止带电挂地线;(4)防止带地线合闸;(5)防止误入带电间隔。

21. 高压隔离开关的用途有哪些?

答:(1)将电气设备与带电部分隔离,以保证被隔离的电气设备能安全地进行检修。

(2)接通和断开小电流,隔离开关一般不允许带负荷操作,如回路中无断路器时,允许使用下列操作:

①开、合电压互感器和避雷器。

②开、合仅有电容电流的母线设备。

③电容电流不超过 5 A 的无负荷线路。当电压在 20 kV 及以上时,应使用用户外三相联动隔离开关。

④用户外型三相联动隔离开关;允许开、合电压为10 kV及以下,电流为15 A以下的负荷。

⑤开、合电压为10 kV及以下,电流在70 A以下的环路均衡电流。

22. 高压隔离开关的一般要求有哪些?

答:(1)所用隔离开关的电压等级及容量应符合使用条件。

(2)在开断状态时,隔离开关动、静触头之间开距应符合要求,保证在任何情况下,不致造成电击穿,并易于观察其明显的分断状态。

(3)隔离开关应具备闭锁位置,该装置动作灵活,正确可靠。带有接地刀闸的隔离开关,接地刀闸与主触头的机构闭锁应正确可靠。分闸时先断开主触头,后合接地刀闸;合闸时先分接地刀闸,后合主触头。

(4)三级联动隔离开关,三相同期误差不得大于5 mm。

(5)隔离开关合闸时,接触应良好。一般以0.05 mm×10 mm的塞尺检查;对于线接触,应塞不进去;对于面接触,在接触面宽度为50 mm及以下时,不应超过4 mm,在接触面宽度超过60 mm及以上时,不应超过6 mm。

23. 高压隔离开关如何分类?

答:(1)按安装地点分为户内式和户外式两种。

(2)按极数分为单极、双极和三极三种。

(3)按支柱分为单柱式、双柱式和三柱式三种。

(4)按闸刀动作方式分为闸刀式、旋转式、插入式三种。

(5)按所配操作机构分为手动、电动、气动、液压四种。

24. 高压隔离开关型号的含义是什么?

答:G为隔离开关代表符号;N为户内,W为户外;第三位数字是设计序号；第四位数字是电压等级，kV；G 为改进型；T 为统一设计；D 为带接地刀闸；最后一位数字是额定电流 A。

25. 高压隔离开关组成及作用是什么？

答：(1)支持底座部分的作用支持和固定，将导电部分、绝缘子、传动机构、操动机构等固定为一体，并安装在钢架上。

(2)导电部分包括触头、闸刀、接线座。该部分的作用是传导电路中的电流。

(3)绝缘部分包括支持绝缘子、操作绝缘子。其作用是将带电部分与接地部分绝缘。

(4)传动部分，传动部分的作用是接受传动结构的力矩，并通过拐臂、连杆、轴齿或操作绝缘子，带动动触头，以完成闸刀的分合。

26. 什么是高压负荷开关？

答：高压负荷开关是一种可以带负荷分、合电路的控制电气设备，它具有结构简单、动作可靠、造价低等特点。

27. 高压负荷开关按灭弧方法分为哪几类？

答：高压负荷开关按灭弧方法分为：自产气式、压气式、油负荷开关和 SF_6 负荷开关等。

28. 高压熔断器的作用是什么？

答：熔断器是最简单和最早采用的一种保护电气设备，并兼有开关的作用。常和被保护的电气设备串接于电路中使用。

29. 跌落式熔断器的用途是什么？

答：跌落式熔断器(俗称跌落保险)，它是一种保护电气设备，当系统或电气设备发生过负荷或短路电流超过其熔丝熔断电流时，使熔体发热熔断，熔丝管自动跌落，切断电路，起到保护作用。也可用绝缘拉杆操作熔断管的分、合，来断开或接通小容量的空载变压器(560 kV·A 以下)或一定长度的架空线和电缆线路。

30. 跌落式熔断器的结构组成及其作用是什么?

答:(1)导电部分:上、下接线端,用以连接电源和被保护的设备或线路;上、下静触头,用以分别与熔丝管的上下动触头相接触,接通、断开被保护的设备或线路。

(2)绝缘部分:绝缘瓷瓶。

(3)熔丝管:由纤维管、熔丝、管帽、操作环,上、下动触头,短轴等组成。熔丝管用酚醛纸或环氧玻璃布制成管外壁,管内壁套有消弧管,消弧管用石棉质材制造,其作用有消弧和防止电弧烧坏熔丝管。

(4)固定部分:在绝缘瓷瓶的中间装设固定安装的钢质固定板。

31. 高压断路器的主要功能有哪些?

答:(1)根据经济、改变运行方式或设备检修的需要,通过它与隔离开关配合,进行倒闸作用,断开部分一次电路、设备,接通另一部分一次电路设备。

(2)与继电保护装置相配合,快速切断故障设备及故障段牵引网。高压断路器有很强的灭弧能力,不仅能开断有载电路,还能开断短路故障电路。

32. 高压断路器的组成是什么?

答:(1)触头,用来实现电路通断的重要部件,触头闭合则电路关合,触头分离则电路开断。

(2)弧室,在动静触头间隙发生电弧时被限制在具有灭弧装置的灭弧室中,电弧在灭弧室中被纵向或横向吹长、冷却而熄灭。

(3)绝缘介质,可以分为灭弧用绝缘介质及支持用绝缘介质。

(4)壳体结构,把触头、灭弧室、绝缘介质等组装在一起,用以实现断路器工作。

(5)运动机构,使可动触头在规定范围内动作的联动机构,多由具有绝缘性能和一定强度的连杆机构组成。

33. 高压断路器按灭弧介质分为哪几类?

答:(1)油断路器:采用变压器油作为灭弧介质和绝缘介质。

(2)压缩空气断路器:利用压缩空气作为灭弧介质和断口绝缘的断路器。

(3)六氟化硫(SF_6)断路器:采用具有优良灭弧性能和绝缘性能的 SF_6 气体作为灭弧介质的断路器。

(4)真空断路器:利用真空的高介电强度性能来灭弧的断路器。

(5)其他类型断路器:如自动产气断路器、磁吹断路器等。

34. 避雷器的作用是什么?

答:避雷器主要用于电气设备的大气过电压保护。当大气过电压超过避雷器的放电电压时,避雷器就动作,大量电荷释放入地,将过电压限制在一定水平,达到保护的目的。

35. 交流接触器的作用是什么?

答:它是一种适用于远距离频繁接通和切断大容量(大电流)电路的自动控制电气设备。其主要控制电动机,也可用于控制其他电动负载。

36. 低压断路器的作用是什么?

答:低压断路器旧称低压自动开关或空气开关。它既能带负电荷通断电路,又能在短路、过负荷和低电压(或失压)时自动跳闸,其功能与高压断路器类似。

37. 低压断路器如何分类?

答:低压断路器按灭弧介质分类,有空气断路器和真空断路器等;按用途分类,有配电用断路器、电动机保护用断路器、照明用断路器和漏电保护断路器等。

38. 变压器按用途分为哪几类?

答:(1)电力变压器(升压变压器、降压变压器、配电变压器、联络变压器)。

(2)调压变压器。

(3)仪用变压器(电压互感器、电流互感器)。

(4)整流变压器。

(5)矿用变压器。

(6)试验变压机车变压器。

(7)电焊变压器。

39. 变压器按相数分为哪几类?

答:(1)单相变压器。

(2)三相变压器。

(3)多相变压器。

40. 变压器按冷却方式分为哪几类?

答:(1)油浸变压器(油浸自冷变压器、油浸风冷变压器和油浸强迫油循变压器)。

(2)干式变压器。

41. 变压器铭牌中型号的含义是什么?

答:变压器型号由两部分组成,前一部分用汉语拼音字母组成,代表变压器的类别、结构、特征和用途。后一部分用数字组成,代表变压器的容量(kV·A)和高、低压绕组的电压等级(kV)。

42. 变压器铭牌中技术数据有哪些?

答:(1)型号。

(2)额定容量S_e。

(3)额定电压 U_{e1} 和 U_{e2}。

(4)额定电流 I_{e1} 和 I_{e2}。

(5)额定频率 F_e。

(6)额定温升。

(7)空载电流 $I_{o\%}$。

(8)空载损耗 P_o。

(9)阻抗电压 U_k。

(10)短路损耗 P_d。

(11)电压比 k。

(12)连接组标号。

(13)冷却方式。

第九单元　电力远动技术

1. 什么是远动技术?

答:对物体或各种过程进行远距离测量和控制的综合技术,称为远动技术。

2. 远动装置主要有哪几部分组成?

答:远动装置主要有三部分组成:控制端(设在中心调度所)以实现远距离操作;被控端(设在远方终端)以接收和实现远距离控制;传输通道(连接控制端和被控端的电缆和光缆)。

3. 远动装置的用途是什么?

答:远动装置的用途,就是远距离内进行信息传递,由控制端发出命令,被控端接收命令并执行。

4. 远动实现的基本功能有哪些?

答:(1)遥控(YK):就是对被控对象进行远距离控制。如:对所内开关进行远方分、合操作。

(2)遥信(YX):就是对被控站的设备状态信号远距离传送给调度端。如:开关的状态信号、各种事件信号、装置的状态信号。

(3)遥测(YC):是对被测对象的某些参数进行远距离的测量。如:各种电流、电压、温度等。

(4)遥调(YT):调度端直接对被控站某些设备的工作状态和参数的调整。如:对变压器的挡位调整。

5. 远动系统实现调度自动化的基本过程是什么?

答:(1)采集被控对象信息并将其传送到调度端。

(2)对远动装置传来的信息进行实时处理。

(3)做出调度决策。

(4)将调度决策送被控站去执行。

6. 远动终端(RTU)的主要功能有哪些?

答:(1)采集状态量信息。

(2)采集模拟量测量值。

(3)与调度端进行通信。

7. 铁路电力远动系统的基本组成有哪些?

答:铁路电力远动系统的基本组成:现场信息转换与控制机构、远动终端RTU、通信信道、调度端。

8. 铁路电力远动系统面板指示灯有哪几种?

答:(1)电源指示灯(POWER灯)。

(2)通信指示灯。

(3)遥信指示灯。

(4)运行指示灯。

(5)GPS指示灯。

9. 铁路电力远动系统面板按钮有哪几种?

答:常用的按钮有复位按钮(RESET):用来对程序进行复位的,当按下这个按钮时,程序会重新启动,相当于计算机上的软启动。电源按钮:用来开关电源。当地/远方转换开关:当打在当地位时,可在本装置上进行操作;打在远方位时,后台机和调度端才能操作。

10. 铁路电力低压远动开关显示的含义是什么?

答:(1)Charged黄色表明已储能(可以合闸操作)。

(2)Discharged白色表示没有储能(如在合位可执行分闸操作、如在分位不可操作)。

(3)开关显示:①白色ON标示合闸。②绿色OFF标示分闸。

(4)按钮表示:①黑色I合闸。②红色O分闸。

11. 高速铁路SCADA系统主要特点是什么?

答:以计算机为基础的生产过程控制与调度自动化系统。它可以对现场的运行设备进行监视和控制,以实现数据采集、设备控制、测量、参数调节以及各类信号报警等各项功能。

12. 高速铁路SCADA系统在现场有哪些具体应用?

答:(1)调度主站系统,电力SCADA系统调度主站是整个系统的核心。由局域网、服务器、通信前置机、操作员工作站、数据文档工作站、UPS、打印机等设备组成。

(2)通信通道,高速铁路电力SCADA系统,采用铁路专用传输通道,光纤传输介质,1+1点对点备用形式,10/100 Mbit/s网络接口,带宽满足信息的传输要求。

(3)电力变配电所综合自动化系统监控终端。

(4)电力箱变远动监控终端。

13. 高速铁路SCADA系统中主控站的主要作用是什么?

答:(1)遥控、遥信、遥测功能。

(2)信息采集和处理功能。

(3)数据归档和统计报表功能。

(4)实现事件顺序记录、事故追忆、事故重演功能。

(5)在线自检及在线维护安全保护功能等。

14. 高速铁路电力箱变远动监控终端(RTU)主要设置在哪些场所?

答:电力箱变远动监控终端RTU设置在高速铁路区间、站场箱变(包括通信、信号、直放站、隧道箱变等)、高压环网柜、10/0.4 kV低压变电所内。

15. SCADA系统由哪几部分组成?

答:高速铁路电力SCADA系统,由调度端(主站)、通信通道、被控端(被控站)三部分构成。

16. 高速铁路 SCADA 系统中被控站的主要作用是什么?

答:完成 SCADA 数据采集、预处理、接收及输送执行功能,实现调度端对箱变的信号、电量的监控及对开关的控制。

17. 高速铁路 SCADA 系统通信通道的作用是什么?

答:通信通道是指网络中任意两点或两个节点之间的路径,在高速铁路电力系统中通道主要由单模光纤、485 网线、通信机房等部分组成。通信通道起到了数据的上传及下载作用,是高速铁路电力 SCADA 系统的重要组成部分。